역병이 돈다,
조선을
구하라!

역병이 돈다, 조선을 구하라!

초판 1쇄 발행 | 2021년 3월 30일
초판 5쇄 발행 | 2024년 3월 5일

글쓴이 | 한미경
그린이 | 순미

펴낸이 | 조미현
책임편집 | 황정원
편집진행 | 박단비
디자인 | 디자인 나비

펴낸곳 | (주)현암사
등록 | 1951년 12월 24일 · 제10-126호
주소 | 04029 서울시 마포구 동교로12안길 35
전화 | 365-5051 · 팩스 | 313-2729
전자우편 | child@hyeonamsa.com
홈페이지 | www.hyeonamsa.com
블로그 | blog.naver.com/hyeonamsa
인스타그램 | www.instagram.com/hyeonam_junior

ⓒ한미경, 순미 2021

ISBN 978-89-323-7524-3 73910

- 이 책은 저작권법에 따라 보호를 받는 저작물이므로 저작권자와 출판사의 허락 없이 이 책의 내용을 복제하거나 다른 용도로 쓸 수 없습니다.
- 책값은 뒤표지에 있습니다. 잘못된 책은 바꾸어 드립니다.
- 현암주니어는 (주)현암사의 아동 브랜드입니다.

| 제품명 도서 | 전화번호 02-365-5051 | 제조년월 2024년 3월 | 제조국명 대한민국 |
| 제조자명 (주)현암사 | 사용연령 8세 이상 | 주소 서울시 마포구 동교로12안길 35 |

주의사항 책 모서리에 부딪히거나 종이에 베이지 않도록 주의해 주세요.
KC 마크는 이 제품이 공통안전기준에 적합하였음을 의미합니다.

역병이 돈다, 조선을 구하라!

한미경 글 · 순미 그림

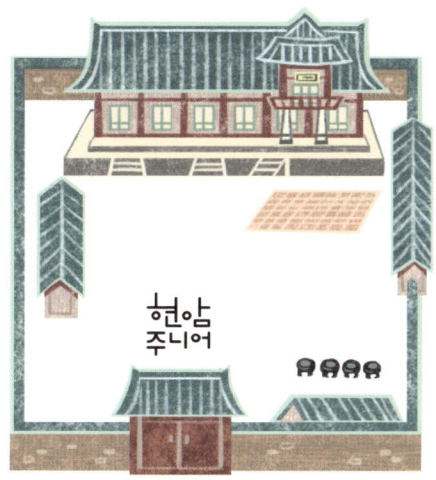

차례

머리말 6

제1장 조선이 뒤집히다 8
태종대왕이 화가 난 이유
초상화에 남은 두창의 흔적

제2장 역병에 맞서는 군주의 자세 22
태종대왕, 전문가의 말에 귀 기울이다
세종대왕, 병자를 꼼꼼히 살피다
문종대왕, 백성의 마음을 달래 주다
정조대왕, 백성을 법으로 위로하다
숙종대왕, 거리를 두게 하다
고종황제, 예방 규칙을 알리다

제3장 역병을 막은 일등 공신, 의학책 64
새롭지만 친숙한 감염병책, 『신찬벽온방』
감염병 진단 키트, 『언해벽온신방』
쉽게 풀어 쓴 책, 『언해두창집요』
아시아 최고의 홍역책, 『마과회통』

제4장 역병, 여기서 돌보다   86
백성을 위한 국립 병원, 혜민국
가난한 사람을 위한 무료 병원, 동서활인서
조선 최고의 종합 병원, 전의감
왕실 병원, 내의원
지방 공립 병원, 제민루
최초의 지방 사립 병원, 존애원

제5장 역병, 함께 이겨 내다   114
홍역의 신, 이헌길
양반 이문건이 역병에 맞서는 법
병자 격리는 확실하게!
신께 기도하여 역병을 달래다
지석영, 종두법으로 두창을 물리치다

부록   142
세계를 발칵 뒤집은 감염병은?
모든 건 우리 손에 달렸어요

참고한 자료   158

머리말

세상이 뒤집히다

　감염병이 세상을 바꿔 버렸어요. 모든 게 변했어요. 이제는 학교도, 상점도, 놀이터에도 마음대로 갈 수 없어요. 우리나라뿐 아니라 전 세계가 감염병으로 어지러워요.

　학교에 가면 칸막이가 있는 책상에 앉아요. 짝꿍이랑 귓속말도 할 수 없어요. 단짝이랑 손도 못 잡고 어깨동무도 못 해요. 지금은 엄청나게 빠른 양자 컴퓨터도 만들어 내고, 달에도 가고, 우주 멀리까지 날아갈 수도 있는 시대인데 말이에요.

　그렇다면 병에 대해서 잘 알지도 못하고, 먹을 것도 부족하던 조선 시대엔 어땠을까요? 지금 우리가 겪고 있는 고통과는 비교하기 힘들 만큼 참혹했을 거예요. 우리 조상들은 그런 어려움을 어떻게 견디고 이겨 냈을까요?

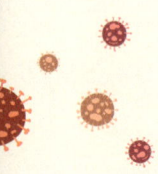

　옛사람들은 역병이 돌면 외출을 삼가고 이웃끼리 왕래를 줄였어요. 지금 우리가 하는 '사회적 거리 두기'인 셈이죠. 조정에서는 병이 난 사람을 따로 격리해 병을 막았고, 돈이 없고 신분이 낮은 사람들을 돌보는 법도 마련했어요. 오래전 조상님들이 무시무시한 감염병에 맞서 고통을 딛고 일어선 덕분에 우리는 오늘에 이르렀어요.

　이 책은 먼 옛날, 감염병 때문에 난리가 났던 현장 속으로 여러분을 안내할 거예요. 그곳엔 신분의 높낮이를 넘어, 삶을 더불어 살아 낸 선조들의 정신이 반짝이고 있어요. 지금 우리는 어떤 노력을 해야 하는지, 그 속에서 함께 힌트를 찾아봐요!

2021년 봄,
글쓴이 **한미경**

제1장

조선이 뒤집히다

옛날에는 감염병을 역병이라 불렀어요. 역병이 퍼지면
사람들은 두려움에 떨었어요. 의학 기술이 발달한 지금도 감염병은
무시무시한 병이지요. 그러니 옛날에는 훨씬 더 겁나고 무서웠을 거예요.
『조선왕조실록』을 보면 역병이 얼마나 큰 근심거리였는지 잘 보여요.
역병은 조선 팔도를 훑고 다녔어요. 가난한 농부의 집이든,
부자 양반의 집이든 역병을 피할 도리가 없었지요.
조선 시대는 나라 사이에 무역이 발달한 때였어요.
사람들이 여러 나라를 자주 오가다 보니 병도 함께 옮았을 거예요.
특히 17~18세기에는 지구의 기후 이상으로 소빙하기(작은 빙하기)가
나타나서 역병 바이러스가 전 세계에 퍼졌을 걸로 짐작해요.
조선의 왕실도 역병을 피해 가지는 못했어요.

어린아이가 많이 죽어
거리에 아이가 드뭅니다.
숙종 33년, 1707년

역병으로 사망한 백성이
오륙십만이나 됩니다.
영조 25년, 1749년

홍진이 크게 번져
한양 5부의 사망자가
거의 만 명에 이릅니다.
영조 6년, 1730년

태종대왕이
화가 난 이유

　조선의 3대 임금인 태종대왕에겐 4명의 왕자가 있었어요. 그중에서도 막내 왕자인 성령대군은 어려서부터 의젓하고 총명했어요. 태종대왕은 막내 왕자님을 무척 사랑했어요. 그런데 막내 왕자가 역병에 걸려 그만 세상을 떠나고 만 거예요. 그때 왕자는 겨우 14살이었어요.
　태종대왕은 사랑하는 막내 왕자를 잃고 너무나 슬펐어요.
　"성령이 세상을 떠난 지 육십여 일이 지났는데, 하루라도 눈물을 흘리지 않은 날이 없구나."
　태종대왕은 슬픔에 잠겼다가도 생각하면 할수록 화가 났어요. 의원이 왕자를 제대로 치료하지 못한 것 같았거든요. 의원한테 벌이라도 주고 싶은 심정이었어요. 하지만 임금이라고 해서 마음대로 할 수 있는 건 아니에요. 게다가 태종대왕과 생각이 다른 신하도 있었어요.

"목숨이 길고 짧은 것은 오직 하늘의 이치입니다. 의원이 능력이 있다고 해서 목숨을 쉽게 구할 수 있는 게 아닙니다."

"죽고 사는 이치는 사람의 힘으로 바꿀 수 있는 일이 아닙니다. 다 하늘의 명을 받은 것인데, 성령대군이 세상을 떠났다고 하여 어찌 의원에게 죄를 돌리겠습니까?"

이렇게 신하들이 마음속에 품은 바를 숨기지 않고 말하는 거예요. 태종대왕은 그런 신하들이 미울 법도 한데 매우 정직하다고 말했어요. 그런 다음 조목조목 따지기 시작했지요.

"병이 시작하던 초기에 왕자는 허리와 등이 몹시 아프다고 했다. 의원 박거 등이 병세를 진찰하더니 '풍증'이라며 왕자에게 약을 주어 땀을 지나치게 많이 흘리게 했다.

그 뒤에는 왕자의 온몸에 물집이 잡히고 병세가 위태로워 보였다. 그런데 의원들은 그게 '보통 있는 일'이라고 했다. 그러면서 약을 주려 하지 않았고, 내가 약을 보냈는데도 한 첩도 왕자에게 먹이지 않았다.

그 뒤에 또 왕자의 얼굴이 푸르스름하게 변해 걱정이 이만저만이 아니었다. 하지만 의원들은 병이 순조롭게 낫는 과정이라고 했다. 그건 가장 좋은 증상이 나타난 것이며, 그런 증상을 없애는 것은 불가능하다고 했다. 내가 증상을 바꿀 수 있는 약을 많이 보냈지만 의원들은 그 약을 쓰지 않았다.

의원들이 이렇게도 성의가 없으니, 왕자는 생각지도 못하게 이 지경에 이른 것이다.

아! 아! 슬프도다!

이제 와서 내가 의학책을 보니, 허리와 등이 몹시 아팠던 것은 '두창'이 생길 때 나타나는 초기 증상이었다. 두창에 걸렸을 때는 땀을 흘리게 하면 안 되는데 그리했다. 두창에 땀을 내면 열에 아홉이 죽는다. 또 물집이 잡힌 다음, 증세가 나빠진 뒤에도 좋은 처방은 얼마든지 있었다.

이 모든 정보가 두창을 치료하는 의학책에 다 나와 있다. 의원이 이것을 알고 진심을 다하여 자세히 살폈다면 과연 방법이 없었을까? 증상에 알맞은 약을 바꿔 가며 제대로 대처했다면 어찌 되었을까?

돌아보니 너무나 애통하구나! 최선을 다해 아쉬움이 없었더라면 이보다는 덜 애통했을 것이다. 의원은 하늘에서 명을 받은 것이니 어찌할 수 없는 일이라고 여겼을 것이다.

비록 의원들이 일부러 왕자를 해치려는 생각은 없었다고 치자. 그렇다 하더라도 이것은 실로 마음을 쓰지 않아서 생긴

일이 아니고 무엇이랴? 의원이 최선을 다하였다면 병든 자가 죽음에 이르렀다 한들 어찌 죄를 묻겠는가?"

태종이 말을 마치자 이조판서 조말생이 말했다.

"이 모든 것이 의원에게 뜻을 제대로 전하지 못한 저의 잘못입니다."

그러자 다른 신하도 입을 열었다.

"의원들에게 벌을 내려 바로잡아야 합니다."

결국 의원 박거 등 네 명은 두창을 제대로 짚어 내지 못하고, 증상을 치료하는 약재를 쓰지 않고, 성실하게 일하지 않은 죄로 의금부에 갇혔다.

「태종실록」 35권, 태종 18년 4월 4일 기록, 1418년

이처럼 궁궐에서 왕실의 건강을 살피는 의원조차 두창이 어떤 병인지 제대로 알지 못하던 때였어요. 그러니 백성들이 두창 때문에 겪은 괴로움은 오죽했을까요?

두창이 무엇이기에?

조선 시대에 두창(痘瘡)은 흔하게 퍼지던 역병이에요. 콩알만 한 부스럼이 눈에 띄는 증상이지요. '콩 두(豆)' 자에 '병 역(疒)' 자를 합한 '역질 두(痘)' 자와 '부스럼 창(瘡)' 자를 썼어요.

당시 사람들은 두창이 '마마'라는 두창신 때문에 걸리는 병이라고 생각했어요. 그래서 마마두라고 부르기도 했지요. 요즘에는 천연두라고 더 많이 불러요.

조선 초기에는 높은 열이 나고 부스럼이 생기는 병을 다 두창이라고 불렀어요. 그래서 홍역도 한때는 두창이라 불렸지요. 시간이 흘러서야 홍역과 두창이 원인도 다르고 치료 방법도 다르다는 걸 밝혀냈어요.

실록을 살펴보면 두창이 유행한 기록은 40여 회가 나와요. 그러니 백성이든 왕자든 누구나 두창에 걸릴 수 있었다는 말이지요. 두창은 실제로 많은 사람의 목숨을 앗아 갔어요. 두창에 걸리면 열에 셋은 죽음에 이르렀으니까요.

두창에 걸린 아이들은 열에 여덟이 목숨을 잃을 정도로 훨씬 더 위험했어요. 두창을 앓고 살아남은 사람은 눈이 멀기도 했어요. 한때 눈이 먼 사람이 셋이라면 한 사람은 두창 때문이라고 말할 정도였지요.

인류 전체의 역사를 보더라도 두창은 엄청난 피해를 준 감염병이에요. 세계적으로 수많은 사람을 죽음에 이르게 했거든요. 하지만 사람들은 두창을 예방하는 방법을 알아냈고, 마침내 1980년 세계보건기구는 지구상에서 두창이 완전히 사라졌다고 발표했어요. 1977년 소말리아의 환자가 마지막이라고 했지요. 그런데 그 발표와는 달리 1978년에도 두창에 걸려서 사망한 사람이 있어요. 영국 버밍엄 의과 대학 실험실에서 의학용 사진을 찍는 작가였어요. 실험실에 보관하고 있던 바이러스가 사람에게 병을 옮긴 것이지요. 그러니 앞으로도 두창에 걸릴 가능성이 아주 없다고 하기는 어려워요.

초상화에 남은
두창의 흔적

　두창을 앓는다고 해서 모든 이가 목숨을 잃는 건 아니에요. 태종대왕이 애통해했던 이유가 바로 그 때문이에요. 두창을 앓고 난 뒤에 건강을 회복한 사람들이 있다는 건 초상화로도 알 수 있어요. 두창에 걸리면 얼굴에 흉터가 남거든요.

　영조대왕 때였어요. 영조대왕은 특별 과거 시험으로 치렀던 무과 시험에서 합격한 사람들을 불렀어요.

　"이 나라의 안위가 그대들 어깨 위에 달려 있소. 부디 실력을 갈고닦아 이 나라 백성이 마음 편히 살 수 있게 힘을 다해 주시오."

　영조대왕은 도화서의 화원도 불렀어요. 도화서는 그림을 그리는 화

원들이 일하던 곳이에요.

"화원들은 무과에 급제한 사람들을 그림으로 남겨 후세에 전하도록 하시오."

화원들은 머리를 조아리고 태종대왕의 명령대로 초상화를 그리기 시작했어요.

어느 화원이 무과에 급제한 김상옥의 초상화를 그릴 때였어요. 상옥이 넌지시 말했어요.

"저기, 잠시만 멈추어 주시겠소?"

"예, 무슨 일이신지요?"

상옥은 얼굴을 여기저기 더듬거렸어요. 얼굴이 흉터투성이였거든요. 어려서 두창을 앓을 때 곪은 자리에 딱지가 떨어져 나가면서 흉터가 남은 거예요. 상옥은 어렵게 입을 떼었어요.

"실은 말이오. 이 흉터가 걸려서 그러는데 흉터를 빼고 그려 줄 수 있겠소?"

"그건 안 됩니다. 초상화는 털 한 가닥, 머리카락 한 올이라도 다르게 그리면 안 된다고 배웠습니다. 그런 부탁이라면 들어드릴 수가 없습니다."

화원은 딱 잘라 말했어요. 초상화를 그릴 때는 좀 더 멋지게 그려 주면 좋을 텐데 화원들은 절대 그리하지 않았어요.

결국 상옥의 초상화는 지금까지 흉터 가득한 얼굴로 전해지고 있어요. 상옥만 그런 게 아니에요. 함께 무과에 급제한 유진하, 전광훈도 어려서 두창을 앓았기 때문에 초상화에 흉터가 남아 있어요.

여러 역사 자료를 보면 17~18세기에는 중국과 일본에서도 천연두가 커다란 문제였어요. 하지만 일본 초상화에서는 천연두 흔적을 전혀 찾아볼 수 없어요. 실제의 모습이 아니라 꾸며서 그렸기 때문이에요. 중국 초상화에서도 두창의 흔적은 드물게 볼 수 있을 뿐이에요.

〈등준시무과도상첩〉 중 두창 흉터가 발견된 초상화

최근에 어느 학자가 조선 시대 초상화를 꼼꼼하게 살펴봤어요. 그랬더니 500여 점의 초상화 가운데 두창 자국이 발견된 게 무려 73점이나 됐어요.

 ## 두창은 어떻게 우리나라에 퍼졌을까?

전문가들은 두창 바이러스가 중국의 랴오둥반도를 건너 우리나라로 들어왔거나, 산둥 지방에서 서해 바다를 거쳐 들어왔다고 생각해요. 그리고 우리나라에서 대마도를 거쳐 일본에 퍼졌을 걸로 짐작해요.

두창이 언제부터 우리나라에 퍼졌는지는 지금까지의 기록으로는 자세히 알 수 없어요. 그런데 『삼국사기』를 살펴보면 신라 시대에 선덕왕이 '질진'이란 병에 걸려 얼굴이 흉해졌다고 씌어 있어요. 사람들은 이 병이 두창일 거라 여겨요. 선덕왕은 병에 걸린 지 14일 만에 세상을 떠났어요.

중국에서는 317년에 두창에 대한 기록이 나오는데, 우리나라에도 그 즈음 옮겨 온 걸로 짐작할 수 있지요.

제2장

역병에 맞서는 군주의 자세

역병에 대한 과학적인 정보가 거의 없던 시절,
우리 선조들은 어떻게 역병에 맞섰을까요?
임금은 임금대로, 신하는 신하대로, 백성은 백성대로
모두 어려운 시절을 보냈어요.
특히 군주들은 어떻게 하면 힘든 시기를 잘 헤쳐 나갈 수
있을지 고민하고 염려하며 전문가의 의견을 귀담아들었지요.
여러 상황을 꼼꼼하고 세심하게 살핀 것은 물론, 감옥에 있는
병자의 환경에도 관심을 두었어요. 죄를 지은 사람이라 하더라도
사람을 귀하게 대해야 한다고 여겼거든요.
또 가난한 이들을 무료로 치료해 주며 입을 옷과 먹을 음식,
잠잘 곳을 해결해 주는 법도 만들었지요.
오래전부터 사람을 귀히 여기고, 병든 자를
보살피려는 세심한 배려가 있었어요.
기록을 통해 어려울 때 빛났던 군주들의 지혜를 살펴보아요.

태종대왕, 전문가의 말에 귀 기울이다

치료소를 시원하게 마련하라

조선 시대엔 역병이 자주 돌았어요. 나라에서는 역병 대응책으로 병자들을 따로 모아서 돌보는 시설을 마련해 두고 있었어요. 역병에 걸린 사람을 원래 머물던 곳에 그대로 두면 병이 쉽게 퍼질 테니까요.

그 시설을 활인원(活人院)이라고 불렀어요. 사람을 살리는 곳이라는 뜻으로요. 그런데 활인원은 임시로 마련된 시설이라 병자들이 쉬기에 그리 좋은 곳은 아니었어요. 더울 때 열기를 제대로 피할 수도 없었지요. 활인원은 동쪽과 서쪽 두 군데에 있었는데, 특히 서쪽 활인원에는 나무가 한 그루도 없었어요. 그래서 더위를 피할 서늘한 그늘도 마땅치 않았지요.

활인원의 모든 일을 맡아 한 관청은 제생원이었어요. 제생원 관리들은 고민했어요.

"이대로 병자를 막사에 들인다면 병자들의 고통이 너무 심할 거요."

"맞소. 올 여름도 더웠는데 내년 여름은 또 어찌 보내야 할지 걱정이오."

제생원 관리들은 병자의 불편을 조금이라도 덜어 주고 싶었어요. 그래서 태종대왕에게 이런 글을 올렸지요.

> 서쪽 활인원 주위에는 나무 그늘이 없습니다. 날이 더울 때 병자들이 모이면 열기가 심해서 이글이글 찝니다. 게다가 서늘한 곳도 없어서 그 괴로움이 더욱 심해집니다.
>
> 병자들 고통이 이렇게 심하지만, 막사 위치를 바꾼다면 상황이 나아질 것입니다. 활인원에 속한 땅을 막사 앞 다른 땅, 청파역에 있는 밭과 바꿔 주시기를 청합니다. 바꾼 땅을 일구어 나무를 심으면, 병자들이 회복하고 휴식하는 데 도움이 될 것입니다.

『태종실록』 32권, 태종 16년 12월 2일 기록, 1416년

제생원에서 태종에게 이 글을 올린 때는 12월이에요. 계절이 겨울

인 거지요. 겨울이라면 환자들이 열기 때문에 고생한다거나 시원한 그늘을 찾아다닐 것 같진 않아요. 하지만 제생원 관리들은 이듬해 여름, 날씨가 더워질 때를 대비하여 미리 손을 쓰려 했던 거예요.

태종대왕은 이 글을 보고 제생원에서 제안한 대로 하라고 허락했어요. 병자를 돌보는 제생원에서 올린 글은 전문가의 의견일 테니까요.

같은 날 실록을 살펴보면 병자를 돌보는 데 애쓴 사람에게 상을 주자는 제안도 있어요. 아침부터 밤늦게까지 열심히 일하여 사람을 살린 공이 많은 자는 조사하여 벼슬을 내리자는 거예요. 또 게으른 사람은 조사하여 벌을 주자는 기록도 함께 있어요.

빠짐없이 기록하라

역병이 퍼질 때 병자가 얼마나 생겼는지, 의료 기관에 머문 병자는 얼마나 되는지, 정확한 수를 확인하는 일은 중요해요. 일이 어떻게 돌아가는지 제대로 알게 해 주는 기준인 동시에 앞을 내다볼 수 있는 근거가 되니까요.

오래전부터 우리나라는 기록과 통계의 가치를 중요하게 여겼어요. 활인원의 일도 낱낱이 기록하는 게 의무였지요. 그래서 기록 업무를 맡은 사람도 부족하지 않게 자리를 준비해 두는 게 필요했어요. 제생원에서는 임금께 이런 글도 올렸어요.

> 동서활인원에서 사람을 구하고 치료하는 일을 제생원에서 살피도록 하였으니, 기록하는 사람을 한 명 두고, 부기록사의 자리도 두기를 청하옵니다. 또 제생원에서 배우고 있는 관원 중에서 부지런하고 병자를 살리는 데 힘쓰는 사람은 벼슬자리를 내려 주시기를 청하옵니다.
>
> 『태종실록』 32권, 태종 16년 12월 2일 기록, 1416년

기록을 남기기 위해 전문적으로 기록하는 사람을 2명 더 뽑자는 거예요. 요즘으로 치면 기록을 담당하는 보건 공무원을 늘리자는 말이지요. 지금까지 우리한테 전해지는 소중한 기록유산은 저절로 만들어진 게 아니에요. 철저한 준비와 세심한 노력이 있었기에 가능했던 일이지요.

또 훈련 중인 관원, 요즘으로 치면 수련 의사 가운데 열심히 하는 사람한테는 벼슬을 주자고 했어요. 열심히 하는 사람한테 벼슬을 주면 더 잘할 것이고, 주변에 모범이 될 테니까요.

그런데 엉뚱한 방법으로 역병을 막으려 했던 군주들도 있었어요. 역병의 기운을 물리치려고 군기감에서 화통을 쏘게 한 거예요. 군기감은 군대의 무기를 만들거나 보관하던 관아인데, 그곳에서 허공을

향해 불화살을 쏘았다는 거지요.

요즘 사람들은 불화살과 역병이 아무 상관도 없다는 걸 알아요. 하지만 당시 사람들은 그리하면 병을 예방한다고 여겼어요. 선조들은 화약 화살이 날아가는 모습을 구경하면서 어서 병이 낫기를 기도했을 거예요.

세종대왕,
병자를
꼼꼼히 살피다

병자와 굶는 백성을 찾아 보살펴라

세종대왕은 역병이 돌 때면 가난한 백성들이 고생할까 봐 늘 마음을 썼어요. 세종 14년, 한양에 역병이 크게 유행하고 있었어요. 한성 안에서는 한창 여러 공사가 이루어지고 있었는데, 거기에는 경기 지역에서 온 군졸들도 많이 끼어 있었어요. 세종대왕은 멀리서 온 군졸들이 병에 걸릴까 봐 걱정이 됐어요.

"지금 성안에서 하고 있는 여러 공사 가운데 급한 공사가
아닌 것은 모두 멈추게 하는 것이 어떨까 한다. 경기도에서

온 군졸들이 공사장에 들어가고 있는데, 집을 떠나 있는 중에 역병에 걸려 죽게 되면 그리 딱한 일이 어디 있겠는가?"

이 말을 들은 신하 김종서가 말했다.

"옳은 말씀입니다. 역병은 여러 사람이 모인 곳에서 잘 퍼지는 것이옵니다. 소신들이 미처 생각하지 못한 것을 주상전하께서 헤아려 말씀해 주셨습니다."

그러자 다시 세종이 말했다.

"공사를 멈추고 군졸들을 모두 풀어 주어 집으로 돌아가게 하는 것이 어떨까 한다."

김종서가 답했다.

"군졸들을 제집에서 쉬게 한다면 은혜를 베푸시는 일이옵니다."

『세종실록』 56권, 세종 14년 4월 22일 기록, 1432년

다음 날에도 세종대왕의 머릿속에는 병사들 걱정이 가득했어요. 세종대왕은 역병에 걸린 사람 가운데 제대로 치료받지 못하여 생명이 위험해진 사람이 없는지 꼼꼼하게 살폈지요.

"여봐라, 사람들을 시켜서 길거리에 병자가 있는지 돌아보게 하라."

세종의 명에 따라 도성을 돌아본 신하들이 아뢰었다.

"전하, 복덕이라는 종이 거리에서 아이를 안은 채 거의 죽게 생겼다고 합니다."

"상세히 말해 보아라."

"복덕은 소격전(하늘과 땅, 별에 지내는 제사를 맡아 보던 관아)의 종인데, 먹을 게 없어서 복덕과 아이가 굶고 있다고 합니다."

세종은 깜짝 놀라서 말했다.

"이렇게 안타까울 때가 있나? 지금 바로 복덕에게 쌀과 콩을 한 석씩 주어라. 그리고 소격전의 담당 관리 문지기와 해당 수령에게 죄를 물어라."

세종은 또 승정원의 정3품 신하에게 이렇게 물었다.

"하사한 쌀을 다 먹은 뒤에는 또다시 굶주릴 것인데, 어떻게 도와줄 수 있겠는가?"

그러자 신하가 아뢰었다.

"여러 곳을 다녀 보면 이와 같은 사람이 한두 명이 아닐 것입니다. 이 사람은 다행히 성상께 알려져서 쌀과 콩을 받았으나, 앞으로 계속 도와주는 것은 쉽지 않을 것입니다. 마땅히 그의 가족이나 친척에게 맡기거나, 담당 관청에서 돕게 하는 것이 좋겠습니다."

세종은 다시 명령했다.

> "역병에 걸린 사람뿐만 아니라, 가족과 떨어져 살며 양식이 없는 사람들도 죄다 찾아서 아뢰도록 하라."
>
> 『세종실록』 56권, 세종 14년 4월 23일 기록, 1432년

 세종대왕은 복덕에게 쌀과 콩 1석씩을 주었어요. 1석은 1말의 10배예요. 지금으로 치면 180리터나 되는 양이지요. 세종대왕은 여기에서 그치지 않았어요. 신하들에게 복덕 한 명뿐 아니라 더 많은 사람을 꾸준히 도우라고 명했어요. 이렇듯 세종대왕은 아프고 굶주린 사람들을 보살피는 데 힘을 썼지요.
 더 나아가 세종대왕은 무료 급식소도 만들게 했어요. '진제장'이라는 곳을 세워 굶주린 사람들을 도울 수 있게 임금의 명으로 지시했지요. 그리고 진제장이 제대로 운영되고 있는지 틈틈이 보고하게 했어요.

"요즘 흉년으로 백성들이 굶주리고 있어서 각 도에서 관찰사와 수령이 진제장을 만들게 하였다. 그리하여 한양의 백성과 다른 곳에서 와서 떠돌아다니고 굶주린 백성을 도와주었다. 그런데 한성에서는 한성부의 일이 많아 한성과 성 아래 십 리까지의 백성들을 제대로 돕지 못하였다.

이제부터는 본부의 관리가 수시로 다니며 도움을 못 받고 굶는 사람을 보살피도록 하라. 또 다른 지역에서 떨어져 나와 여기저기서 얻어먹고 다니는 굶주린 백성들을 보살피도록 하라. 임금의 명으로 그들을 동쪽과 서쪽의 활인원으로 나누어 보내도록 하라.

또한 굶주린 백성이 도움을 받은 게 얼마나 되는지 그 수를 즉시 아뢰도록 하라. 주린 백성이 직접 동서활인원으로 오거

든 역시 법에 따라 돕도록 하라. 그리고 이름, 나이, 주소 등을 승정원에 보고하라."

「세종실록」 68권, 세종 17년 4월 21일 기록, 1435년

굶주린 사람들은 병에 쉽게 걸려요. 병에 걸리면 잘 낫지 않아 위험에 처하게 되지요. 그러니 백성들이 굶지 않도록 하는 것은 중요한 방역 대책이라고 할 수 있어요.

열심히 애쓰는 사람은 상을 주어라

역병이 돌아 사람이 많이 죽으면 시체를 처리하는 것도 큰일이에요. 시체를 그대로 두면 병이 더 빠르게 퍼질 수 있고, 다른 병이 생길지도 모르거든요.

당시에는 시체 묻는 일을 전문으로 하는 승려가 있었어요. 하지만 거리에는 여전히 시체가 무더기로 쌓여 있었지요. 이런 상황을 해결하고자 조정에서는 회의가 열렸어요.

회의에 참석한 예조와 한성부에서 임금에게 보고했다.
"역병으로 길거리에 쌓인 시체를 승려들이 묻고 있기는 하오나 일손이 부족한 상황입니다."

세종은 고개를 끄덕였다.

"어찌하면 좋을지 방도를 말하라."

"지금은 승려 열 명이 하고 있으나 일손이 부족하오니 여섯 명을 더 늘려서 여덟 명씩 동쪽과 서쪽 활인원을 맡게 하고, 성 아래 십 리도 나누어 맡게 하시는 게 좋을 듯하옵니다."

"궂은일을 하는 승려들에게 보상도 마련하라."

"월급으로 소금과 장을 주고, 봄과 가을에 면 옷감을 한 필씩 준다면 적당할 줄로 아뢰옵니다. 또한 게으름을 피우는 자에게는 벌을 주고, 열심히 일한 자 중에서 한 사람을 뽑아 벼슬자리를 주는 것이 좋을 듯하옵니다."

세종은 이를 바로 시행하게 했다.

『세종실록』 37권, 세종 9년 9월 1일 기록, 1427년

이처럼 세종대왕은 두루두루 꼼꼼하게 살펴서 역병을 막는 데 힘을 쏟았어요. 역병이 크게 유행할 때는 급하지 않은 공사를 그만두게 하고, 병자를 돕고 치료하는 일에 힘쓰게 했지요.

당시 역병에 관한 일을 맡은 기관은 여럿이었어요. 그 모든 기관(한성부, 동활인원, 서활인원, 전의감, 혜민국, 제생원)에 세종대왕은 여러 치료법을 직접 보내고, 약재를 제대로 준비하여 병자를 보살피게 했어요.

병자를 살리도록 마음을 써라

세종대왕은 역병이 돌 때 각 도의 관찰사에게 따로 명을 내렸어요.

"나라에 역병이 생기면 어려운 처지에 있는 사람을 도와 치료해 주라고 법을 여러 번 만들었다. 그런데 잘되고 있는 것 같지 않도다. 명을 내린 뜻을 각 고을의 수령들이 잘 살피지 않기 때문일 것이다.

올해엔 역병이 더욱 심하건만 수령들이 가난한 병자를 구하여 치료하기를 좋아하지 않으니 안타까운 일이다. 그동안 해마다 내린 법률 항목이 있으니 꼼꼼히 잘 따지고 살펴서 가난한 병자를 구하여 살리도록 마음을 써라."

「세종실록」 56권, 세종 14년 4월 21일 기록, 1432년

역병이 도는 위급한 상황인데도 병자를 살뜰히 돌보지 않는 관찰사들이 세종대왕의 눈에는 마뜩지 않았나 봐요. 이렇게 콕 짚어 명령하면서 백성을 돌보라고 강조하고 있어요. 이런 군주의 자세야말로 역병에 맞서면서도 조선을 앞으로 나아가게 한 힘이었을 거예요.

문종대왕,
백성의 마음을
달래 주다

병자를 격리하라

문종대왕 때 황해도에서 역병이 돌아 경기도까지 퍼지고 있었어요. 병의 기세가 커져서 한양까지 퍼진다면 큰일이었죠. 한양이 뚫리면 조선의 도읍을 옮기는 것까지 생각해야 하는 상황이었어요.

문종대왕은 병을 치료하는 방안을 서둘러 마련해야 한다고 판단했어요.

"지금 병에 걸린 사람을 빠짐없이 찾아내 인적이 끊긴 섬에 모두 들여라. 다만 그들에게는 옷과 곡식, 약품 등을 넉넉

히 주어야 한다. 그래서 다른 이에게 더 번지지 않도록 해야 한다.

어떤 사람들은 귀신을 물리치려고 커다란 향을 만들어 피운다고 한다. 하지만 병이 전염되는 것은 처음에 제대로 못 먹기 때문이다. 또한 추위와 더위를 제대로 조절하지 못하기 때문에 병이 전염되는 것이다.

그러니 귀신이나 호랑이가 사람을 잡아먹듯이 역병이 사람 목숨을 욕심낸다고 생각하는 것은 잘못된 것이다."

「문종실록」 9권, 문종 1년 9월 5일 기록, 1451년

당시 사람들은 귀신이 병을 생기게 한다고 믿었지만, 문종대왕은 역병이 퍼지는 원인을 과학적으로 설명했어요. 영양분을 제대로 섭취하지 못하고, 더위나 추위를 제대로 조절하지 못하여 병에 걸린다는 거예요. 문종대왕은 또 역병이 퍼지는 것을 막기 위해서는 병자를 따로 모아들이는 격리 시설을 써야 한다고 강조했어요.

이렇듯 사태를 분명하게 알아차리고 처리하는 것이야말로 역병에 맞서는 바람직한 군주의 자세라고 할 수 있지요.

백성들 마음을 달래라

조선은 유교의 나라였어요. 하지만 아직 부처에게 마음을 둔 백성들이 많다는 사실을 문종대왕은 알고 있었어요. 실록을 보면 부처에게 비는 백성들의 마음을 널리 이해하는 문종대왕의 모습이 잘 나타나 있어요.

"어떤 사람들은 제사를 지내서 약사여래 부처에게 기도하면 병의 기운이 자연스럽게 없어진다고 한다.

대개 좋은 의사가 병을 치료할 때는 병자의 마음부터 다스리는 것을 최우선 일로 삼는다. 지금 사람들 마음속에 부처의 마음이 깊숙이 들어가 있으니, 제사를 하는 게 사람들 마음을 기쁘고 편하게 해 줄 것이다. 그러하니 제사를 지내게 하는 것이 어떨까 한다."

좌찬성 김종서는 수륙재를 찬성하고 우의정 황보인은 반대했다. 문종은 신하들의 의견을 모아서 이렇게 제안했다.

"비록 수륙재 덕분에 몸의 병이 치유된다고는 할 수 없으나, 그 덕으로 병이 낫는 이치도 있을 것이다. 정성을 드리는 것은 매한가지며, 혹시 유익한 일이 될 수 있을지는 알 수 없다. 그러하니 지금 병이 퍼진 곳에 수륙재를 베푸는 것이 어떠하겠는가? 경들도 그리 여긴다면 속히 수륙재를 지내 그곳

사람들의 마음을 편하게 해 주어야 할 것이다."

『문종실록』 9권, 문종 1년 9월 5일 기록, 1451년

　여기서 말하는 '수륙재'는 불교식 제사예요. 물과 육지에 홀로 떠도는 귀신들에게 음식을 바치는 의식이지요. 문종대왕은 제사가 사람들 마음을 위로한다는 것을 말하고 있어요. 유교의 나라인 조선의 왕이었지만, 불교식 제사를 무시하지 않고 사람들의 마음을 다독이려고 애쓴 거예요.

수륙재에 쓰인 〈삼장보살도〉

약사여래 부처님께 기대다

조선은 불교를 억누르고 유교를 나라의 정신으로 삼았어요. 그렇지만 사람들은 힘든 일이 있거나 누군가 아플 때 여전히 부처를 찾았지요. 우리나라 고대 신앙에서 빼놓을 수 없던 약사여래 부처의 믿음이 조선까지 이어진 거예요.

우리 선조들은 부처 중에서도 특히 약사여래 부처가 사람들의 슬픔과 아픔을 없애 준다고 여겼어요. 병으로 겪는 괴로움에서 사람들을 구해 준다고도 믿었지요. 약사여래의 '약(藥)' 자가 약국의 '약' 자와 같은 것만 봐도 쉽게 짐작할 수 있을 거예요. 당시 사람들은 약은 물론이고 옷이나 음식을 얻는 것까지 약사여래가 도와준다고 생각했어요.

역병에 걸렸을 때도 사람들은 약사여래 부처의 이름을 외우며 역병에서 자신을 보호해 달라고 빌었어요. 그래서 약사여래 부처의 형상도 만들었지요. 보통 약사여래상은 연꽃 위에 앉아 있거나 서 있는 모습이에요. 사람들은 약사여래 부처를 청동으로 만들기도 하고, 금박을 입히기도 하고, 돌을 쪼아 만들기도 했어요.

지금까지 전해지는 약사여래상 중에서 가장 오래된 것은 8세기 통일 신라 때 만들어진 것들이에요. 국립중앙박물관의 '금동약사여래입상'과 경주 굴불사지의 '석조사면불상', 동화사 비로암 삼층석탑에서 나온 '석조비로자나불좌상' 등이 있어요.

통일 신라 때 만들어진 '금동약사여래입상'

정조대왕,
백성을 법으로
위로하다

부모 잃은 아이를 돌보아라, 『자휼전칙』

역병이 돌면 고아가 많아져요. 부모님이 역병으로 세상을 떠나는 경우지요. 친척들 집에서 받아 주면 다행이지만, 갈 곳이 없는 아이들은 대부분 노비가 되거나 거리에서 죽고 말았어요.

정조대왕은 그런 아이들을 위해 법을 만들었어요. 10살이 안 된 어린 고아는 나라에서 책임지고 길러야 한다는 법이에요. 고을의 수령이 아이에게 먹을 것을 주고, 살 곳도 마련해 주고, 공부까지 시키게 했지요.

아이가 젖먹이인 경우에는 유모를 찾아서 젖을 먹이게 했어요. 대신 젖을 준 유모에게는 나라에서 곡식을 주었지요.

『자휼전칙』의 모든 내용은 훈민정음으로도 다시 옮겨 썼기 때문에 한자를 모르는 백성들도 읽을 수 있었어요. 정조대왕은 그걸 백성의 권리라고 말했어요.

"국가에서 활인서와 혜민서 두 서를 만든 것은 죽게 된 사람들을 의술과 약으로 구하여 치료하려는 뜻이다. 나라의 관원까지 두고서 질병이 있는 백성들을 구하게 하는 것이다. 하물며 어린아이들이 구걸을 하거나 버려진 것은 질병이 있는 사람에 비하여 오히려 더 급한 경우다.

한양은 곧 팔도의 표준이 되는 곳이다. 그러하니 우선 한양부터 시작하여 차차 넓히도록 할 것이다. 그것이 진실로 어진 정치의 바탕이 될 것이다.

며칠 전에 이를 대신들과 의논했더니 그들의 생각도 나와 같았다. 그러니 어찌 망설일 이유가 있겠는가? 관련 부서에서는 이 일이 열매를 잘 맺을 수 있도록 조사하고, 시행하기에 알맞은 절차를 조목조목 만들라고 일러 두었다. 앞으로 이를 널리 알려 섬세하고 성실하게 시행하고 끝까지 백성들에게 혜택이 가게 하라."

『정조실록』 16권, 정조 7년 11월 5일 기록, 1783년

이게 바로 『자휼전칙』의 내용이에요. 부모 잃은 아이들을 보살피기 위해 나라에서는 이 법을 인쇄하여 널리 알렸어요. 그리고 일을 맡은 사람은 한 달에 한 번씩 보고를 하게 했어요. 아이를 몇 명씩 보살펴 키우고 있는지 말이에요. 도움의 손길이 한 번으로 끝나지 않고, 꾸준히 백성들에게 가 닿도록 장치를 마련한 거예요.

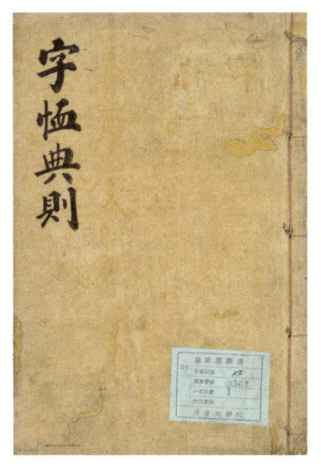

『자휼전칙』

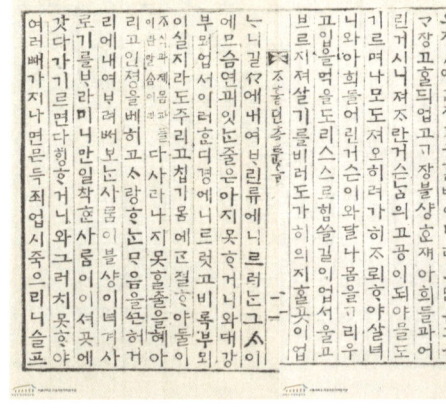

가난한 이들을 무료로 치료하라

정조 10년, 당시 조선에는 홍역이 유행하고 있었어요. 그때는 홍역을 두고 홍진, 또는 마진이라 불렀어요. 홍역이 잘 알려지지 않았던 때라 사람들은 치료 방법에 어두웠어요. 제때 치료하지 못해 죽는 사람도 많이 나왔지요.

사는 게 여유 있는 사람은 때를 놓치지 않고 보살핌을 받을 수 있었지만 가난한 선비, 궁핍한 백성들은 어디에도 말할 데가 없었어요. 약을 구하기가 하늘의 별 따기였어요. 약이 귀했고 약값도 워낙 비쌌으니까요.

정조대왕은 아침 회의에서 이 문제를 꺼냈어요.

"생각만 해도 저들의 고생이 눈에 선하다. 모든 사람의 병을 진찰해 주고 집집마다 약을 주는 것은 어려울 것이다. 하지만 아주 가난한 사람들을 보이는 대로 도와준다면 조금이나마 효과가 있지 않겠는가?"

"그러하옵니다, 전하."

"앞선 왕조 때도 전의감 등에서 약을 내주라는 명이 있었다. 이야말로 내가 마땅히 본받아 해야 할 일이 아니겠는가?"

신하들의 반대는 없었고 의견이 모아졌다. 정조는 가난한 사람들을 위해 특별 정책을 발표했다.

"한성부의 신하는 담당한 지역에 알려라. 양반이든 상인이든 따지지 말고, 매우 가난하여 약물을 스스로 마련하지 못한 사람은 누구나 진찰하고 약을 주도록 하라. 이는 닷새마다 보고할 것이며, 마음을 써서 거행하라."

정조대왕은 이렇게 명령하고, 궁궐에서 열을 내릴 때 쓰는 약까지 한성부에 보내 주었어요.

이어서 병의 치료를 맡은 전의감과 혜민서에서는 역병 시국에 필요한 조항을 낱낱이 아뢰었어요.

1. 한양의 서쪽, 북쪽, 중앙 큰길 서쪽은 전의감에서 맡고 동쪽, 남쪽, 중앙 큰길 동쪽은 혜민서에서 맡는다.
2. 전의감과 혜민서에서 의술에 정통한 사람을 각각 세 사람씩 뽑아 밤낮으로 떠나지 않고 머물게 한다. 병이 생겼다고 알리는 자가 있으면 중환자는 직접 가서 진찰하고, 그렇지 않은 환자는 증세를 물어본다. 환자에게 알맞은 처방을 하고 약을 준다.
3. 신분을 따지지 않고 매우 가난한 자만 약을 준다.
4. 약물은 먼저 전의감과 혜민서의 공물로 마련하여 준비하고, 부족한 것은 진휼청에서 별도로 더 떼어 준다.
5. 양반이나 천민 중 매우 가난한 자로서, 홍진의 걱정이 있는 자가 미리 알리면 해당 부서에서 사는 곳과 이름을 적은 뒤 확인 도장을 찍은 문서를 준다. 그리고 급하게 약을 쓸

일이 있을 경우 도장이 찍힌 문서를 확인하고 약을 내준다. 만약 병이 없는데 거짓으로 꾸며 약을 받아 갔다가 발각되었을 경우 중벌을 받는다.

6. 밤에 당번을 서는 의관 중에 일한 대가를 못 받은 의관은 진휼청(물가 조절과 굶주린 백성의 구제를 담당하던 관청)에서 돌림병을 치료할 때에 따라 식량과 반찬을 지급한다.

7. 오래 근무하여 경험이 많은 사람은 의관에게 주는 약물의 수량을 날마다 자세히 기록한다.

8. 의관이 급히 왕진을 가야 하는 경우를 대비하여 두 개의 역(청파역, 노원역)에 말을 대기해 놓는다.

9. 병을 몇 군데에서 진찰하고 약을 얼마나 썼는지, 약을 쓰지 않은 곳은 몇 군데인지 일일이 구별하여 놓았다가 닷새마다 적어 보고한다.

10. 의관이 왕진하러 나갔을 때 자리가 비지 않도록 한 사람은 반드시 대기한다.

11. 병을 진찰하는 일 말고, 이유 없이 밤에 자리를 비우면 무거운 벌에 처한다.

『정조실록』 21권, 정조 10년 4월 20일 기록, 1786년

규칙이 이렇게 꼼꼼한 걸로 보아, 당시의 역병 대책이 얼마나 적극적이고 정확했는지 알 수 있어요.

죄인을 존중하고 신중하게 조사하라, 『흠휼전칙』

정조대왕은 죄인을 조사하고 벌줄 때도 함부로 대하지 못하게 법을 만들었지요. 바로 『흠휼전칙』이란 법이에요. 이 법에는 정조대왕이 역병으로 고생하는 죄인들의 권리를 얼마나 생각했는지 잘 나타나 있어요.

정조는 감옥을 지키는 관리들에게 명령했다.

"죄수가 더러운 곳에서 지내지 않고, 병으로 몸이 상하지 않게 하라. 여름철 무더위에는 닷새에 한 번씩 감방을 점검하고 청소하라. 가난한 자에게는 먹을 것을 주고 아픈 자에게는 약을 주어라. 사소한 일로 갇힌 죄인은 바로 판단하여 내보내라."

정조는 이러한 법이 잘 시행되고 있는지도 꼼꼼하게 살펴 확인했다.

"감옥 안에 역병이 돌고 있다 하니, 죄인을 진실로 불쌍히 여겨 구제하는 것이 옳다. 다시 조사할 죄수 여섯 명은 형조 안으로 옮겼다가 감옥 안에 역병 기운이 사라져서 깨끗해지기를 기다린 뒤에 가두어라.

옥에 갇힌 죄수로 말하자면, 감옥 안에 역병의 병세가 있을 경우 전염될 것을 염려하는 것뿐만이 아니다. 범죄가 사형에

흠휼전칙

해당할 정도로 중한 죄인이라 하더라도 잘 보살펴 주어야 한다. 처형이 아닌 병으로 죽게 해서는 안 된다. 죄인을 불쌍히 여기고 신중히 처리하여 일에 어긋남이 없어야 한다.

각 고을의 죄인 중에 병을 앓고 있는 무리가 있으면 즉시 습기가 없는 깨끗한 방으로 옮겨 주어라. 혹은 보증을 받고 풀어 주어라.

전에 『흠휼전칙』을 만든 때에도 감옥을 깨끗이 쓸고 닦으라는 일로 한양과 지방에 알린 바 있다. 이제 이렇게 더운 계절이 왔으니, 비록 병이 없는 곳이라 하더라도 거듭 명령하는 것이 마땅하니 각 도에 모두 엄히 일러라."

『정조실록』 27권, 정조 13년 윤5월 8일 기록, 1789년

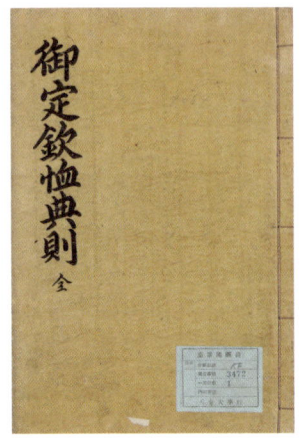

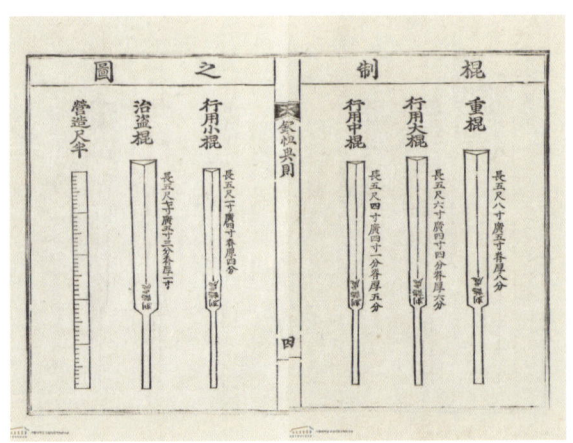

『흠휼전칙』

정조대왕은 어린이, 가난한 자와 더불어 죄인들의 인권에도 신경을 썼어요. 죄인의 건강을 염려하여 세심하게 방역 대책을 준비하는 모습에서 백성들을 진심으로 위하고 아끼는 군주의 자세를 엿볼 수 있어요.

숙종대왕, 거리를 두게 하다

　숙종대왕 때는 날씨가 빙하기처럼 추워졌어요. 날씨가 변하니 역병도 덩달아 심해졌지요. 병자가 엄청나게 많아졌고, 죽는 이도 많아요. 1717~1719년 사이에는 홍역 등 역병으로 전국에서 약 3만 5천명이 사망했지요. 병에 걸리는 것은 군대에 있는 병사도 마찬가지였어요.
　한양의 경비를 맡아 보던 훈련도감에서 숙종대왕에게 아뢰었어요.

　"전부터 병사들은 궁궐에서 밤 근무를 서 왔습니다. 그런데 요즘 군병들 가운데 역병에 걸린 자가 사백육십여 명이나 됩니다. 역병 때문에 사망한 자가 잇따르고 있습니다. 군사의 수가 줄어들어 번갈아 밤 근무를 하는 것이 매우 번거롭게 되었습니다."

『숙종실록』 61권, 숙종 44년 5월 11일 기록, 1718년

숙종대왕은 밤에 근무하는 병사의 수를 보충할 수 있게 허락했어요. 하지만 먼 거리를 이동해야 하는 번상군의 일은 금지했어요.

번상군은 지방에서 한양으로 이동하여 군사 일을 번갈아 맡아 하던 병사를 말해요. 숙종대왕은 군사들이 이동하지 못하게 했어요. 사람들이 많이 움직일수록 병은 쉽게 퍼질 테니까요.

과거 시험에 합격한 사람들을 위해 궁궐에서 열어 주던 축하 잔치도 못 하게 했어요. 모여서 음식을 나누는 일이 병을 퍼뜨릴 수 있으니까요. 그동안 장원 급제한 이들은 임금께 인사를 하고, 임금은 음식을 주며 축하하는 것이 전통이었어요. 하지만 병이 퍼지는 걸 막으려고 전통마저 멈추게 한 거지요. 숙종대왕은 줄일 수 있는 모든 접촉을 피했어요. 지금의 '사회적 거리 두기' 캠페인을 앞서 실천한 거예요.

'염병하다'는 어디서 온 말일까?

'염병'은 전염성을 가진 병들을 통틀어 일컫는 말이에요. 염증이 생기는 병이란 뜻이지요. 장티푸스를 낮춰 부를 때도 '염병'이란 단어를 써요. 장티푸스에 걸리면 열이 높게 오르고, 배가 아프고, 설사가 나거나 변비가 생겨요.

이렇게 무서운 병을 앓고 싶은 사람은 아무도 없을 거예요. 그러니까 염병은 무척 못마땅할 때 욕으로 쓰는 말이에요. 혹은 엉뚱하거나 나쁜 짓을 한다는 뜻으로, 상대를 하찮게 여길 때도 써요.

 너 때문에 학을 뗐어!

'학을 떼다'는 말은 무슨 뜻일까요? 여기서 말하는 '학'은 학질이란 병을 뜻해요. 얼룩날개모기 종류인 학질모기한테 물려서 생기는 병이지요. 현재는 말라리아라고 더 많이 불러요. 이 병에 걸리면 몸이 오슬오슬 떨리고, 높은 열에 시달리다 설사가 나요. 그러다 머리가 아프고, 구토를 하고, 경련을 일으키지요. 빈혈 증상으로 어지러움을 겪다가 죽음에 이르기도 해요.

이렇게 길고 힘든 과정을 겪어야 말라리아를 떨쳐 버릴 수 있는 거예요. 그래서 괴롭거나 어려운 상황을 벗어나려고 진땀을 뺄 때 학을 뗀다고 해요. 어떤 것 때문에 거의 질려 버린 상황에도 쓰지요. 예를 들면 이렇게요. '귀찮게 자꾸 꼬치꼬치 캐묻는 바람에 아주 학을 뗐어!'

고종황제,
예방 규칙을
알리다

　1895년(고종 32년), 조선에는 호열자, 오늘날 콜레라로 불리는 병이 퍼질 기운이 보였어요. 나라 전체에서 병자가 4,800여 명이나 나왔지요. 인천과 의주에서는 죽은 이가 수십 명에 달한다는 소식이 올라왔어요. 평양에서도 병자 1,300여 명 중 500여 명이 숨지고 말았어요. 북쪽 국경 근처에서는 6만여 명이 숨졌다고도 했지요.
　사태가 심상치 않자 고종황제는 '호열자 소독 규칙'과 '호열자 예방과 소독 집행 규칙'을 발표했어요.
　이때 우리나라에는 1885년에 세운 서양식 국립 병원 광혜원이 있

었어요. 서양 의학이 들어오자 역병을 대하는 자세가 달라졌어요.

1902년에는 『호열자병예방주의서』를 펴냈는데, 내용을 살펴보면 콜레라를 조사하는 법과 예방하는 법, 환자를 대하는 법과 소독하는 법 등이 씌어 있어요. 역병을 예방하는 법을 다룬 최초의 책이었지요. 지금 우리가 조심하는 것과 거의 비슷한 내용도 나와요.

> 제9조. 호열자에 걸린 사람의 오물은 태우거나 땅에 묻는다.
>
> 제11조. 병자의 집에서 쓰던 이부자리와 옷, 기구, 병자의 방, 병자가 탔던 배 등을 소독한다.
>
> 제13조. 오가는 배를 검사한다.
>
> 제15조. 사람이 모이는 곳에 가는 것을 금지한다.

고종황제는 1895년 10월에 '종두 규칙'도 발표했어요. 종두 규칙은 두창의 예방 접종 방법을 다룬 규칙이에요. 우리나라 최초의 근대적 예방 접종 법령인 셈이지요. 한 달 뒤에는 종두 전문 의사를 교육하는 '양성소 규정'도 만들었어요. 지석영이 종두법을 소개한 지 30년이 지난 때였어요.

  그때에도 사람들은 종두법을 믿지 못하고 굿을 하는 경우가 많았어요. 하지만 법이 만들어진 뒤부터 달라졌어요. 점점 예방 접종을 하는 사람들이 늘어났고, 두창으로 얼굴에 흉이 진 사람들은 줄어들었지요.

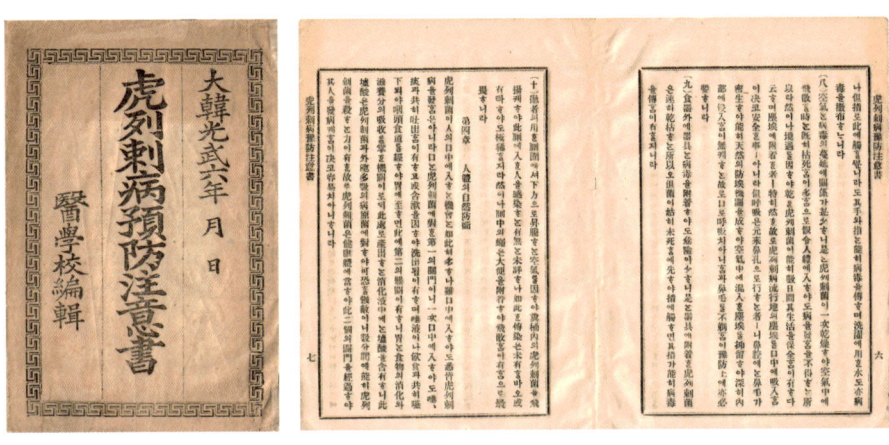

콜레라 예방법을 적은 『호열자병예방주의서』

 호랑이가 살점을 찢는 고통, 호열랄

옛날에는 콜레라를 '호열랄'이라고 불렀어요. 콜레라와 비슷한 한자 발음을 썼거든요. 그러다가 점차 '호열자', '호역' 등으로 바꿔 불렀어요.

콜레라에 걸리면 몸이 무척 아프다고 해요. 호열랄과 호열자 모두 호랑이가 살점을 찢는 것처럼 아프다는 뜻이에요. 그 고통은 쥐가 팔다리로 오르내리는 느낌이라고 해서 '쥣통'이라고도 불렀지요. 그러다가 나중에는 뼈만 남게 되어 죽는다고 했어요. 그래서 사람들은 병이 낫기를 바라는 마음으로 고양이 그림을 붙여 놓기도 했어요.

콜레라에 걸리면 설사를 심하게 해요. 설사를 하면서 몸속의 수분이 빠져나가기 때문에 위험해지는 거예요. 아직도 아프리카에선 콜레라가 흔한 감염병이에요. 우리나라에서 이 병에 걸리는 사람은 이제 거의 없지만, 아직도 법으로 정하여 다루고 있어요.

콜레라는 콜레라균 때문에 생겨요. 콜레라에 걸리지 않으려면 오염된 물은 마시지 말고, 되도록 물을 끓여 마셔야 해요. 조선 시대 순종대왕 때에도 호열자가 유행하면 오염된 우물을 사용하지 못하게 했어요.

콜레라를 쫓아 준다고 믿었던 고양이 부적

제 3 장

역병을 막은
일등 공신, 의학책

조선은 활자와 인쇄가 대단히 발달한 나라였어요.
인류 역사에서 금속 활자를 처음으로 만들어 낸 나라잖아요.
그것은 의학책을 만드는 데서도 제대로 나타났어요.
선조들은 역병에 관한 지식을 훌륭한 책으로 펴냈지요.
두꺼운 책은 줄여서 간단하게 펴냈고, 어려운 책은
누구나 편히 읽을 수 있도록 한글로 풀어서 냈어요.
어려운 의학 지식만 넣은 것이 아니라 백성들에게
친숙한 민간요법이나 민간 신앙도 다루었지요.
우리나라의 뛰어난 인쇄 기술과 의료 기술이 만나서
만들어진 의학책은 아시아 최고의 역병책으로 불리기도 했어요.
전문가가 참고할 만한 책이 있는가 하면,
백성들도 쉽게 따라 할 수 있는 의학책도 있었지요.
역병을 막는 데 일등 공신 역할을 했던 의학책은
어떻게 만들어졌고, 또 어떤 내용이 담겨 있을까요?

새롭지만 친숙한
감염병책,
『신찬벽온방』

1612년, 나라에 온역이라는 감염병이 퍼지고 있었어요. 병은 이미 함경도와 강원도를 비롯한 도성과 외진 섬에까지 퍼져, 전국 방방곡곡에 온역이 돌지 않은 곳이 없었어요. 그런데 앞으로가 더 걱정이었어요. 병이 퍼지는 기세가 그칠 것 같지 않았거든요.

승정원에서 임금께 아뢰었다.
"지금 대비하지 않으면 안 되는 상황입니다.『벽온방』이란 책은 두껍지 않고 몇 장 안 되어 만들기가 쉽습니다. 하루라도 빨리 책을 찍어 내게 하시고, 안팎으로 널리 나누어 주어

위급한 사태를 막는 것이 어떠하올지 아룁니다."

『광해군일기[중초본]』 61권, 광해 4년 12월 22일 기록, 1612년

『벽온방』은 온역을 물리치는 처방을 적은 책이에요. 누가, 언제 썼는지는 알려지지 않았어요. 다만 세종대왕 때 만들어졌을 거라고 추측하고 있어요. 원래는 두꺼운 책이라 전문가가 아니면 보기가 쉽지 않았어요.

1525년 중종대왕은 『벽온방』을 아주 간단히 추리게 했어요. 신하들은 『벽온방』을 간추리고 누구나 보기 쉽게 한글로 꼬리말을 달았지요. 간단해진 『벽온방』은 『간이벽온방』이라고 부르게 됐어요. 마치 핸드북처럼 말이에요.

나라에 온역이 퍼지기 시작하자 광해군이 명령했어요.

"『간이벽온방』을 찍어 전국 관청에 나누어 주어라."

당시에 인쇄는 그리 어려운 일이 아니어서 금세 수백 권을 찍어 냈지만, 정작 『간이벽온방』은 백성들에게 별 도움이 되지 않았어요. 너무 간추려 버려서 병자를 살피기엔 내용이 부족했던 거예요.

온역은 쉽게 가라앉지 않았어요. 처음에는 나라 북쪽 변두리에서 시작했어요. 그러더니 남쪽으로 계속 퍼져 나갔지요. 그 기세는 더욱 심해졌고, 죽은 사람이 수천에 달했어요. 가을과 겨울을 거쳐 1613년 봄이 되었어요. 이제는 조선 팔도에 감염병이 번지지 않은 곳이 없었

어요.

　광해군은 허준을 불렀어요.

　"새로운 『벽온방』을 만들어 주시게."

　허준은 당시 최고의 의원이었어요. 마침 『동의보감』을 다 쓰고 책이 만들어지기를 기다리는 중이었지요. 허준은 『동의보감』에도 온역

새롭지만 친숙한 처방법이 필요해.

을 물리치는 처방을 담았지만, 그 내용을 『벽온방』에 그대로 가져다 쓰지는 않았어요.

　새로운 『벽온방』에는 최신 처방을 썼을 뿐 아니라, 귀신 퇴치법이나 주문처럼 백성들에게 친숙한 민간 신앙도 써 넣었어요. 새로운 처방에 대한 거부감을 없앤 거지요.

　허준은 생각했어요.

　'약 처방에는 시골에서도 쉽게 구할 수 있는 약재를 적어야 해. 일상생활에서 실천하기 쉬운 방법들도 써야지. 누구나 보고 따라 할 수 있게 말이야. 성공적으로 병을 이겨 낸 사례도 넣어야겠어. 사람들이 병에 대한 두려움을 이기고 나을 수 있다고 믿는 게 중요하니까.'

　이렇게 새로운 『벽온방』이 만들어졌어요. 새로 편찬했다고 하여 '신

 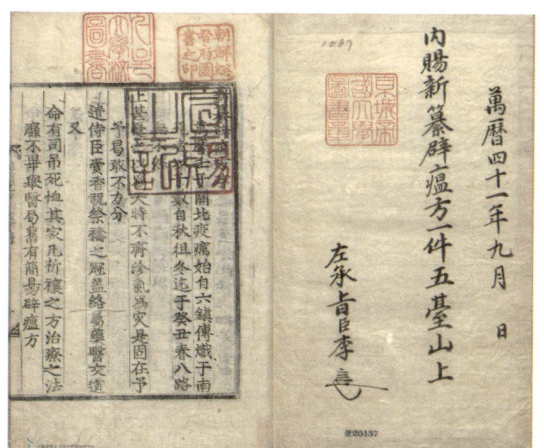

백성에게 친숙한 처방법을 다룬 『신찬벽온방』

찬'이라는 말을 앞에 붙였지요. 새롭지만 익숙하며, 의학책으로도 훌륭한 『신찬벽온방』이 탄생한 거예요.

당시에는 감염병이 돌면 임금이 부족하여 생긴 일로 여겼어요. 한 사람이 다스려야 하는 문제가 아니라 마을 전체, 나라 전체가 풀어야 할 과제라고 생각한 거예요. 병자는 물론 고을의 수령, 나라의 임금도 힘을 모아야 했지요. 그런 상황에서 새로운 책은 소중한 보물과도 같았어요.

『신찬벽온방』에 나오는 감염병 예방법

『신찬벽온방』은 집에 병자가 생겼을 때 감염되지 않는 방법을 이렇게 소개하고 있어요.

- 환자를 상대하여 앉거나 설 때 반드시 등지도록 한다.
- 환자의 옷을 삶거나 쪄 소독한다면 감염의 우려를 없앨 수 있다.
- 집안에 감염병이 돌면 처음 병에 걸린 사람의 옷을 깨끗하게 세탁한 후 밥 시루에 넣어 찐다. 이렇게 하면 감염될 걱정이 없다.
- 갑자기 약이 없는 경우엔 참기름을 코끝에 바르고 종이 심지로 콧구멍을 후벼 재채기를 한다. 웅황 가루를 참기름에 개어 콧구멍 속에 바르면 환자와 침상을 함께해도 감염되지 않는다.

옷을 삶거나 쪄서 소독하는 것, 마주 보지 않는 것은 현대에도 지키고 있는 과학적인 방역 수칙이에요. 웅황은 살균과 해독 효과가 있는 것으로 알려져 있어 현대 한의학에서도 사용하는 재료지요.

 **색깔로 감염병을 막는다고?**

『신찬벽온방』에 나온 감염병 예방법 중에는 재미있는 색깔 요법도 있어요.

- 붉은 말의 발굽을 가루로 만들어 붉은 주머니에 넣는다. 남자는 왼쪽에, 여자는 오른쪽에 찬다.
- 붉은 나무로 갓끈을 만들거나 구슬을 만들어서 차면 효과를 발휘한다.
- 붉은 팥을 쓸 수도 있다. 새해 첫날 붉은 팥을 베 옷감에 싸서 우물에 넣어 둔다. 그리고 사흘 만에 꺼내어 온 집안사람들이 먹는다. 남자는 열 알을 먹고 여자는 스무 알을 먹는다. 동짓날 팥죽을 먹어도 좋다.

사람들은 오래전부터 붉은색이 귀신을 물리친다고 믿었어요. 이렇듯 『신찬벽온방』에는 전문적인 예방법과 함께 백성들에게 친근한 방법들도 담아냈지요.

이를 통해 퍼지는 온역

온역은 봄철에 유행하는 급성 감염병이에요. 열이 나는 감염병을 통틀어 말할 때도 온역이라 했어요. 온역은 깨끗하지 않은 환경에서 잘 생겼어요. 감옥이나 군대처럼 사람이 많이 모여 사는 곳에 이가 들끓으면서 생겼지요.

지금은 티푸스 종류의 병이라는 게 밝혀졌어요. 혼란스럽다는 뜻의 그리스 말에서 따온 거예요. 이 병에 걸리면 갑자기 몸이 떨리고 열이 나다가 머리와 온몸이 아파요. 조선 시대에는 봄이 되면 온역으로 많은 백성이 고통을 겪었어요.

실록을 살펴보면 태종대왕 때엔 오뉴월 가뭄이 크게 든 해에 온역이 많이 번졌다고 나와요. 그래서 온 집안 식구가 다 죽는 경우도 있었어요. 이렇게 딱한 경우에는 나라에서 달마다 꼭 져야 하는 군역, 즉 군인의 의무를 없애 주기도 했지요.

중종대왕 때에는 봄이어서 온역이 안 생긴 곳이 없다는 기록이 나와요. 그러자 중종대왕은 온역이 심해지기 전에 치료하라는 명령을 내리지요.

태조대왕 때는 곤히 누워 있는 수군을 바닷물에 던지기도 했어요. 여러 달 동안 배를 타서 지친 사람을 두고 온역에 걸렸다고 오해한 거예요. 온역이 얼마나 두려웠으면 그랬을까요. 이를 안타깝게 여긴 도 관찰사가 의원을 보내야 한다고 태조대왕에게 청하는 기록도 있어요.

감염병 진단 키트,
『언해벽온신방』

효종 4년(1653년) 2월, 황해도 쪽에서 온역이 크게 퍼졌어요. 병을 피해 한양 근처 경기 지역으로 피난 온 사람들이 많았어요. 그러면서 감염병도 경기 지역까지 이르렀지요. 이 때문에 조정에서 임금과 신하들이 모였어요. 조복양이라는 신하가 말했어요.

"시골 백성들이 약을 사용하는 방법을 모르고 있습니다. 의원들에게 '벽온 속방' 중에서 시골 백성들도 알기 쉽고 얻기 쉬운 처방을 골라 뽑게 하소서. 그걸 언문으로 해설하여 수백 권으로 펴내고, 여러 도에 나누어 보내게 하는 것이 마땅할 것입니다."

『효종실록』 10권, 효종 4년 2월 25일 기록, 1653년

조복양이 말한 '벽온 속방'은 『벽온방』 중에서 사람들이 많이 쓰는 처방을 '속방'이라고 따로 부른 것이에요.

효종대왕은 이를 허락하고 안경창과 어의들에게 명령했어요.

"사람들이 쉽게 사용할 수 있는 처방으로 골라서 책을 만들어라."

그래서 태어난 책이 『벽온신방』이에요. '온역을 치료하는 새로운 방책'이란 뜻이에요. 여기에 한글 풀이를 덧붙였기 때문에 '언해'라는 말을 붙여 『언해벽온신방』이 됐지요.

당시에는 이미 온역을 다룬 수준 높은 의학책이 있었어요. 허준이 쓴 『신찬벽온방』 말이에요. 『신찬벽온방』은 새로운 치료법과 함께 민간에서 전해 내려오는 방책까지 섞어서 펴낸 훌륭한 의학책이었어요. 그런데 왜 신하들은 새로 책을 펴내라고 청하고, 임금은 그걸 허락한 걸까요? 사람들은 『신찬벽온방』에 대해 이렇게 말했어요.

"이 책을 보통 사람들이 보기에는 어려워."

"병자나 병자 가족이 보기에는 전문적인 내용이 너무 많아."

"아무래도 의원이 보기에 알맞은 책이야."

당시 백성들에게 절실하게 필요했던 것은 후미진 시골에서도 손쉽게 쓸 수 있는 간단한 처방이었어요.

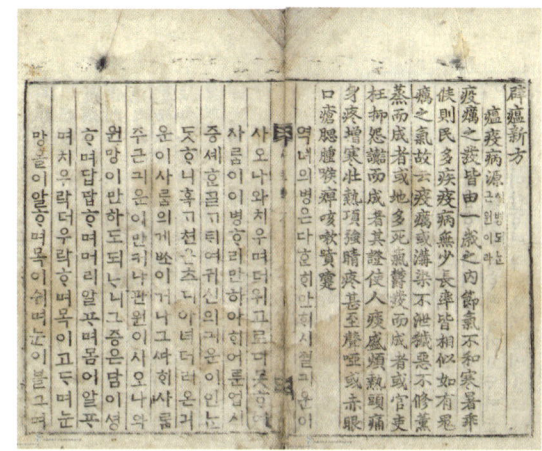

『언해벽온신방』. 온역과 감기의 증상을 세세히 기록했다.

조선 시대에는 『벽온방』이 여러 권 출간되었어요. 조선 전기에 펴낸 『향약집성방』이라는 의학책에도 『벽온방』의 내용이 모두 들어가 있어요. 온역이 자주 유행했기 때문이에요. 게다가 온역은 초기에 치료하지 않으면 며칠 지나지 않아 목숨을 잃는 경우가 대부분이어서 중요하게 다룬 거지요.

『언해벽온신방』은 응급 감염병이었던 온역만을 다루었어요. 옛사람들은 감기와 온역을 정확히 구별하지 못했어요. 열이 나는 증상이 비슷하거든요. 중국에서도 온역을 구별하는 방법은 명나라 때에나 나왔다고 해요. 하지만 조선의 『언해벽온신방』은 병을 구별하는 방법을 다루었어요. 증상만 보고도 온역과 감기를 구분할 수 있게요. 그러니까 『언해벽온신방』은 온역을 진단하는 감염병 진단 키트 역할까지 제대로 해낸 셈이지요.

『언해벽온신방』은 조선 시대 때 펴낸 『벽온방』 가운데 가장 많이 찍어 낸 의학책이 됐어요. 처음 펴낼 때 생각했던 대로 쉬운 내용을 넣어서 누구나 편히 볼 수 있었기 때문이지요.

쉽게 풀어 쓴 책,
『언해두창집요』

　선조 23년(1590년) 겨울에 둘째 왕자가 두창에 걸렸어요. 허준은 훗날 광해군이 되는 둘째 왕자를 정성껏 치료했어요. 덕분에 왕자는 병이 다 나았어요. 선조 34년(1601년)에도 왕자와 왕녀가 두창에 걸렸는데 허준이 치료하여 나았지요.

　선조 36년(1603년)에는 온 나라에 두창이 퍼져 많은 아이들이 목숨을 잃었어요. 선조대왕은 허준을 불렀어요.

　"요즘 두창이 끊이지 않아 병을 치료하는 책이 가장 절실하게 필요하다. 간략하게 처방을 적고 책 뒤에 유래를 적어 맺음말로 쓰라."

　두창 치료법을 담은 새로운 의학책을 쓰라는 말이었지요. 선조대왕은 한문을 모르는 백성들을 위해 한글 해설을 달게 했어요. 그런데 간략하게 쓰라고 한 게 걱정이 되었는지 허준에게 다시 명했어요.

"정성을 들여 처방을 쓰고, 언해로 풀어 어렵지 않게 써라."

허준은 두창을 다룬 의학책들을 모조리 살펴보았어요. 책에 나온 처방을 참고하고 빠진 내용은 새로 넣어 집필했지요. 책의 내용을 골라내는 일과 맺음말을 쓰는 일도 허준이 직접 했어요.

하지만 정작 『언해두창집요』가 나올 때 허준은 함께하지 못했어요. 선조대왕이 사망하자 어의였던 허준에게 책임이 돌아갔거든요. 그래서 의주로 귀양을 가야 했지요.

한글로 풀어 쓴 『언해두창집요』는 누구나 읽을 수 있었어요. 백성들이 보기에도 편리하여 쉽게 처방을 따라 할 수 있었지요.

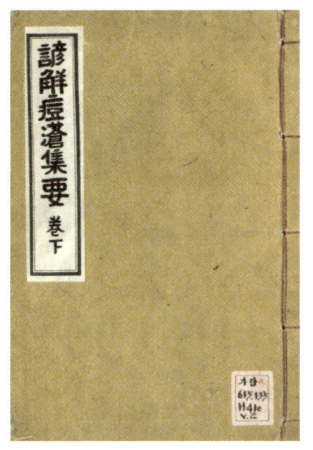
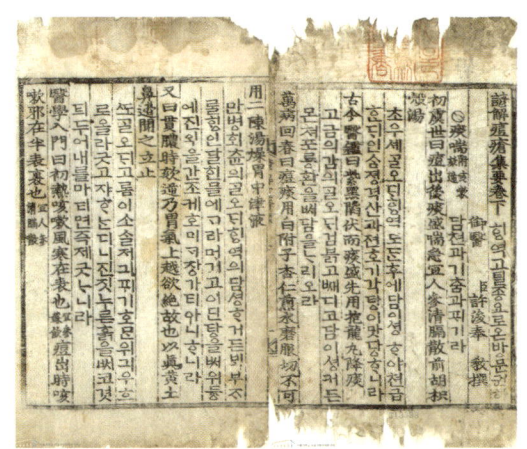

『언해두창집요』, 두창 치료법을 쉬운 말로 풀어 썼다.

아시아 최고의 홍역책, 『마과회통』

정약용에게는 아이가 10명 있었는데, 그중 6명을 천연두와 홍역으로 잃었어요. 본인도 14살 때 홍역을 앓았는데 자칫 잘못하면 목숨을 잃을 정도로 병세가 심했어요. 다행히도 정약용은 살아났어요.

정약용은 자신이 살아난 것은 책 덕분이라고 했어요. 당시 명의였던 몽수 이헌길이 홍역에 관한 책 『마진기방』을 썼거든요. 그 책 덕분에 목숨을 건졌으니, 자신도 다른 사람의 목숨을 살릴 수 있는 책을 써서 그 은혜를 갚고 싶다고 했지요. 무엇보다 정약용은 아이를 여섯이나 잃은 슬픔을 다른 이들이 겪게 하고 싶지 않았을 거예요.

내가 책을 읽고 도를 배우는 것은 반드시 사람 목숨을 살리려는 것이다.

이헌길은 홍역에 관한 책을 홀로 탐구하여 수많은 어린아이를 살렸으니, 나도 그중 한 사람이다.

내가 몽수 덕분에 살아났기 때문에 마음속으로 그 은혜를 갚고자 하였으나 할 수 있는 일이 없었다. 그래서 몽수의 책을 가져다가 공부한 다음, 중국의 홍역책 수십 종류를 살펴 차례를 자세히 갖추어 보았으나 다들 산만하고 처방을 찾기에 불편했다.

그런데 홍역은 병의 속도가 매우 빠르고 열이 대단하므로 순식간에 목숨을 잃을 수 있는 병이다. 세월을 두고 천천히 치료할 수 있는 병이 아니다. 그래서 내용을 잘게 나누고 종류별로 모아, 눈썹처럼 정연하고 손바닥 보듯 쉽게 정리했다. 병자의 집에서도 책을 펴면 처방을 쉽고 편하게 찾을 수 있을 것이다.

무려 다섯 차례에 걸쳐 원고를 고쳐 쓴 뒤에 비로소 책을 펴내니, 몽수가 살아 있다면 아마 빙그레 웃으며 마음에 든다고 할 것이다.

『마과회통』은 이런 머리말로 시작해요. 병세가 시작될 때의 증상부터 치료 방법, 다른 병증과의 차이까지 홍역에 대한 모든 것을 책에 담았어요. 당시 믿을 만한 의학책 63권을 꼼꼼하게 살펴서 모두 모았거든요. 여기에 우리나라 풍습과 정약용 자신의 소견도 따로 밝혔어요. 부록에는 두창의 예방법을 상세하게 적었어요. 두창에 걸린 사람의 균을 접종하는 인두법이지요. 나중에는 두창에 걸린 소의 균을 쓰는 우두법이 나와 더 안전하게 두창을 막을 수 있었어요.

그런데 정약용은 『마과회통』을 쓸 때부터 이미 우두법을 알고 있었다고 해요. 『마과회통』이 나온 때부터 우두법이 법으로 시행되기까지 40년이나 걸렸다는 걸 생각해 보면 아주 놀라운 일이지요.

조선 후기의 실학자 이규경도 자신의 책에서 정약용이 1835년에 우두법으로 접종했다고 말해요. '젖소에서 나오는 종두의 고름을 침으로 긁어내어 아이의 팔 위에 접종하고 마찰하면 그 뒤에는 두창에 걸리지 않는다'며, 그 방법을 자세하게 적고 있어요.

하지만 그때까지만 해도 사람들은 종두법을 두려워했어요. 귀신이 병을 생기게 한다고 믿던 때니까요. 예방 접종을 하면 두창신이 더 화를 낼 거라고 여겼지요. 나라에서 서학을 누르고 있었기 때문에 종두법이 제대로 이어지기 어려웠을 거라고도 짐작할 수 있어요.

정약용은 유명한 책이라고 해서 무조건 떠받들지 않았어요. 홍역을 다룬 중국의 책이 산만하다고 비판한 것처럼, 중국의 가장 오래된 의학책 『황제내경』도 비판했어요. 정약용은 조선의 기후와 감염병의 관

계를 세심하게 관찰했고, 약의 용량도 날씨에 따라 다르게 써야 한다고 했지요.

정약용이 유능한 실학자라는 사실은 널리 알려져 있지만, 의학책을 쓸 만큼 한의학에 뛰어났다는 것은 모르는 경우가 많아요. 사실 정약용은 임금이 병이 났을 때 탕약을 지어 올리라는 부름을 받을 정도로 인정받았다고 해요.

정약용이 쓴 『마과회통』은 동양 최고의 홍역책이라는 평가를 받기도 했어요. 이런 훌륭한 의학책 덕분에 조선은 회오리처럼 불어닥친 역병을 딛고 500년의 긴 역사를 이루어 냈어요.

정약용이 쓴 『마과회통』

붉은 종기가 온몸을 뒤덮는 홍역

홍역은 감염력이 무척 세고 아이들한테 잘 생기는 병이에요. 살갗에 붉은 종기가 생기는 증상 때문에 홍진이라고도 불렀어요. 홍진은 마진이라고도 불렀는데, 마마 때문에 생긴 병이라는 뜻으로 붙여진 이름이에요.

조선에 홍역이 유행한 것은 1613년이 처음이에요. 그 뒤로 크게 유행한 것은 1668년, 1680년, 1692년, 1706~1707년, 1719년, 1729~1730년, 1752~1753년, 1775년, 1786년이에요. 대개 12년에 한 번씩 나타났어요.

이렇게 자세한 기록이 남아 있는 것은 정약용처럼 홍역을 열심히 연구한 학자 덕분이에요. 정약용은 의원들이 홍역 연구를 게을리 한다고 한탄했어요. 십수 년, 수십 년에 한 번씩 유행하니 돈벌이가 안 되어 의원들이 연구하지 않는다고 했지요. 정약용은 아무리 무시무시하고 사람이 많이 죽는 병이라 하더라도, 그 병을 연구하여 두려움을 떨치기를 바랐어요.

홍역에 걸리면 볼 쪽부터 종기가 생기기 시작해 마른기침이 나고, 코감기가 오면서 눈의 결막에도 염증이 생겨요. 처음에는 종기가 조금씩 나다가 점점 심해져 온몸에 퍼지고 높은 열이 나지요. 증상에 따라 제대로 약을 쓰면 회복하지만, 그러지 못하면 사망에 이르고 말아요.

'홍역을 치르다'는 무슨 뜻일까?

홍역은 살아서 안 걸리면 무덤에서라도 걸린다는 속담이 있어요. 일생에 한 번은 꼭 치른다는 말이지요. 그래서 아주 감당하기 어렵지만 한 번은 꼭 거쳐야 하는 일을 겪을 때 '홍역을 치른다'고 말해요.

제 4 장

역병, 여기서 돌보다

조선 시대에 역병을 치료하는 의료 기관은 대부분
한양에 몰려 있었어요. 조선 최고 종합 병원인
전의감에서부터 왕실을 보살피는 내의원, 백성들의 의료를
책임지는 혜민국과 동서활인서까지 모두 한양에 있었지요.
하지만 조정에서는 조선 초기부터 지방에도 의원을
두려고 시도했어요. 태조 때부터 지방 병원 제도를
요청하는 기록이 남아 있는 걸 보면 알 수 있어요.
조정은 지방 의원에 의생을 두었어요. 의생은 그곳에서
환자의 병을 치료하고 의술도 공부했어요. 약을 만들어
아픈 백성들이 병을 치료할 수 있도록 돕기도 했지요.
영주의 제민루는 지방의 공립 병원 역할을 했어요.
제민루가 어떻게 살림을 꾸렸는지는 읍지라는 기록을
보면 자세히 나와요. 상주에는 선비들이 뜻을
모아 만든 사립 병원 존애원이 있었어요.
선비들은 계를 통해 존애원을 만들고, 환자를
돌보는 병원으로 키워 나갔지요.
존애원은 누구나 진찰을 받고 필요한 약을
살 수 있게 문턱을 없앤 병원이었어요.
이들 한양과 지방의 여러 의료 기관은
역병 치료에 큰 힘이 됐어요.

백성을 위한 국립 병원, 혜민국

조선은 나라의 근본이 백성에게 있다고 했어요. 백성이란 나라의 원기이며, 원기가 병들면 나라도 위태롭다고 했지요. 조정에서는 처음 조선을 세운 때부터 백성을 위한 의료 기관을 계획했어요. 그 일을 맡은 게 혜민국이에요. 혜민국은 고려 시대부터 있었던 기관인데, 조선 시대에도 그대로 쓰다가 나중에 이름만 혜민서로 바뀌었지요.

혜민국은 조선 땅에서 나는 토산품 약재를 도맡아 관리했어요. 백성들이 자주 드나들 수 있게 위치도 저잣거리에 뒀어요. 백성들은 혜민국에서 주로 약을 샀어요.

태조대왕은 백성들에게 약을 주고 병을 치료하는 의료 기관이 혜민국 하나만으로는 부족하다고 여겼어요. 그래서 태조 6년에 제생원이라는 기관을 또 세웠어요. 하지만 두 기관에서 하는 일이 겹치는 게 많아지자, 세조 6년에 제생원은 혜민국에 합쳐졌어요.

혜민국은 주로 토산품을 도맡았지만 중국에서 수입한 약재도 다루었어요. 백성들에게 다양한 약재를 제공하려는 거였지요. 필요할 때는 감옥의 죄수들한테도 약재를 보내 주었어요.

태종대왕 때에는 혜민국에 의학 교육을 받는 생도를 두었어요. 그들을 가르치는 조교도 있었지요. 혜민국은 의학 교육도 담당했던 거예요. 세조대왕 땐 의녀 교육도 맡았어요.

혜민국은 처음에는 약국으로 시작하여 점점 병원처럼 바뀌었어요. 나중에는 백성들이 널리 이용한 조선의 대표적인 병원이 되었지요.

가난한 사람을 위한 무료 병원, 동서활인서

동서활인서는 병에 걸린 가난한 병자와 부랑아를 무료로 치료해 주던 기관이에요. 가난한 자들은 동서활인서에 머물기도 하고, 먹을 것을 얻기도 했어요. 감옥에 갇힌 죄수가 아플 때도 동서활인서로 옮겨 가서 치료를 받았어요. 특히 돌림병에 걸린 환자는 동서활인서에서 맡았지요.

동서활인서는 고려 시대에 있던 동서대비원의 이름을 바꾼 거예요. 한양 도성의 동쪽과 서쪽에 있다고 하여 '동서'가 붙었어요. 조선 초기에는 평양에도 동서활인서가 있었어요. 세종대왕 때는 개성에도 만들게 했지요.

고려 시대에는 나라의 종교가 불교여서 '대자대비 부처님'의 '대비'를 따서 동서대비원이라고 불렀어요. 조선은 유교의 나라여서 불교의 색을 지우려고 '대비' 대신에 '활인(사람을 살린다는 뜻)'을 넣었어요. 세조대왕 때는 '동서활인원'이던 이름을 '동서활인서'로 바꾸었지요. '원'보다 '서'가 낮은 등급이에요. 크기를 줄인 것은 아니고, 의료 기관 사이에 등급을 관리하느라 그리한 거예요. '동서활인서', '동서활인원', '활인원', '동서대비원', '대비원'이 모두 같은 곳인 셈이지요.

『세종실록지리지』의 기록을 보면 활인서에서 무슨 일을 했는지 잘 알 수 있어요.

> 동활인원은 동소문 밖에 있다. 서활인원은 서소문 밖에 있다. 옛 이름은 대비원이다. 동서활인원에는 의원과 무당을 두어서, 도성 안에 병들고 의지할 곳이 없는 사람을 모두 모아 놓고 죽, 밥, 국, 약을 준다. 아울러 옷, 이불, 잠자리를 주어 편하도록 보호해 주고, 만일 죽는 이가 있으면 잘 묻어 준다.
>
> 『세종실록』 148권, 지리지 경도 한성부

동서활인서는 병자들에게 약만 준 게 아니라 먹을 것도 줬어요. 가난하여 굶는 사람들에게는 약이 필요한 만큼 먹을 것도 중요하니까요. 옷과 이불도 주어 의식주를 다 해결해 주었지요.

특이한 것은 의원과 더불어 무당이 활인서에 머문 거예요. 요즘 사람들이 종교나 심리 상담에 의지하듯, 선조들은 무당에 기대어 마음을 다스렸을 거예요. 무료 병원에서 몸의 치료뿐 아니라 백성들의 정서와 심리까지 배려했다는 게 돋보여요.

활인서에서 치료를 받은 백성들이 얼마나 회복이 잘되었는지는 세종대왕 때의 기록을 보면 알 수 있어요.

"요즘 돌림병 기세가 대단하다. 한 해 동안 사망한 사람과
나은 사람의 수를 살펴보면, 한양 활인원에서 살아난 사람이

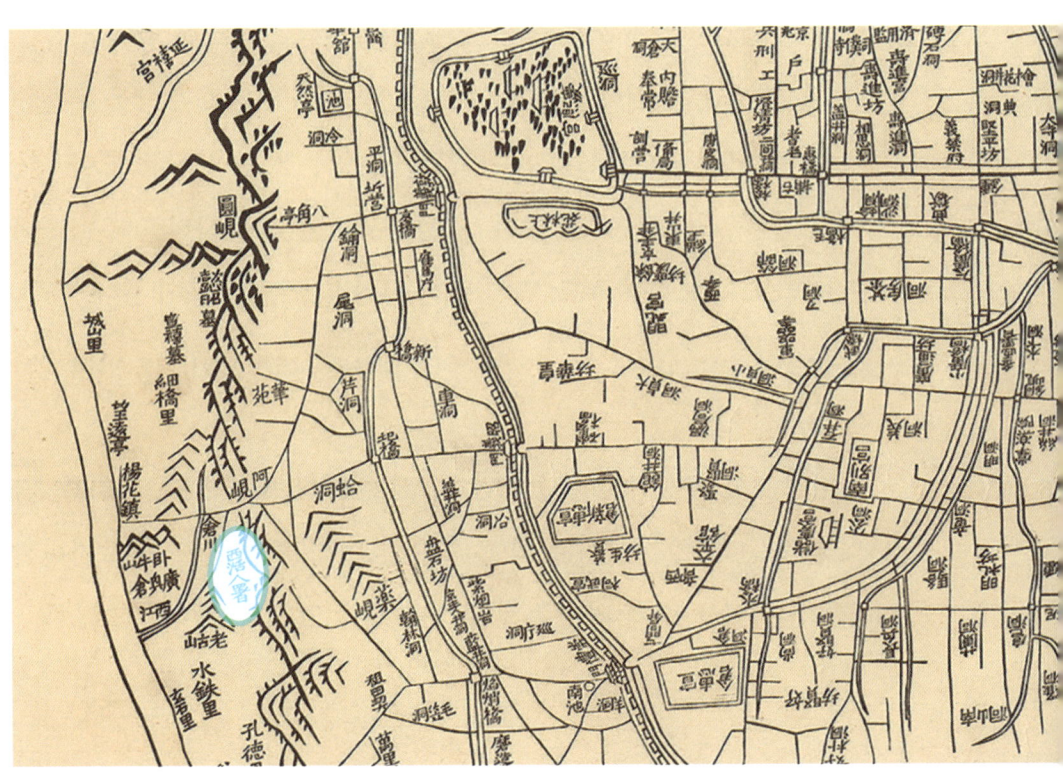

열에 여덟이나 아홉이 된다. 그런데 다른 지역에서는 한 도에서만도 사망한 자가 거의 사천 명이나 된다. 어찌하여 한양과 지방이 이렇게 다른가.

그 까닭을 캐어 보면 활인원에서 마음을 다하여 약이나 음식을 알맞게 주기 때문에 살아나는 자가 많은 것이다.

지방에서는 제대로 도울 수가 없어서 어린아이들까지 제 명대로 살지 못하고 죽는 경우가 많다. 말하기에도 가슴 아픈 일이다. 지방의 각 지역에도 돌림병을 치료하는 법이 책에 모두 실려 있어 자세하고 부족함이 없다. 그런데도 관리들이 백

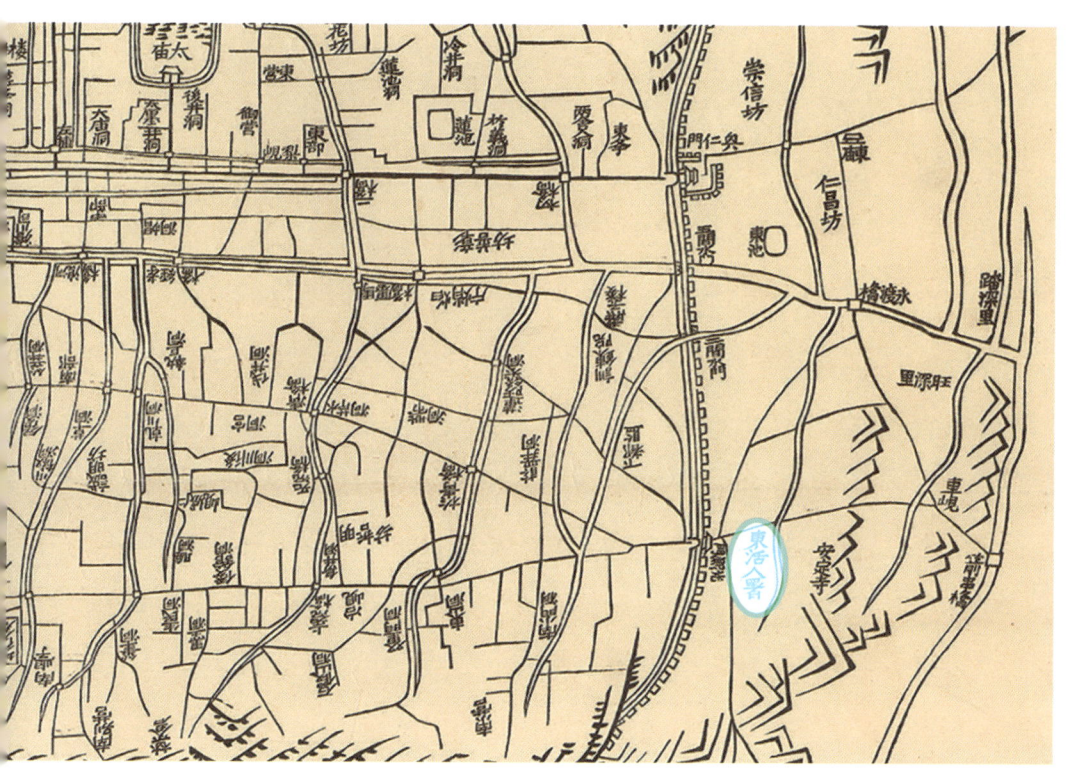

조선 시대 한양의 지리를 그린 〈수선전도〉의 일부. 지도의 동쪽과 서쪽에 동서활인원이 나타나 있다.

성들을 잘 살리지 못하는 것이다.

그대들은 나의 간절하고 측은한 뜻을 받아서 이미 나와 있는 법에 따라 마음을 다하여 돕도록 하여라. 우리 백성들이 어질고 장수하는 나라를 이루도록 하라."

「세종실록」 116권, 세종 29년 6월 25일 기록, 1447년

역병을 막기 위해서 의료 기관을 갖추어 놓는 일은 무척 중요해요. 기관이 제대로 일을 하는지 정확한 숫자를 헤아리고 확인하는 일 또한 반드시 필요하지요.

조선 최고의
종합 병원,
전의감

전의감은 조선 의료 기관의 뼈대라 할 수 있는 중요한 곳이었어요. 나라의 법전인 『경국대전』에는 전의감 정원이 21명이라고 기록되어 있어요. 하지만 실제로는 그보다 훨씬 많은 사람이 전의감에서 일했다고 해요. 직책에서 물러난 사람들도 계속 일을 했고, 일정하게 맡은 일이 없는 벼슬아치들 또한 전의감으로 출근했다고 해요.

약재를 검사하는 것도 전의감에서 하는 중요한 일이었어요. 지방에서 올라오는 약재를 관리하는 일부터 약재를 직접 키우는 일, 약재를 들이고 내는 일까지 전의감에서 도맡아 했어요. 그러니 전의감에는 의관 말고도 벼슬아치 아래에서 행정 일을 하는 구실아치가 6명이나

있었고, 잡일을 하는 노비가 13명, 시중드는 노비도 9명이나 되었지요.

전의감에서 맡아 하는 큰일이 또 있었는데, 그건 의학 생도를 가르치는 일이었어요. 박사, 조교, 교수, 훈도 등이 의학 교육을 맡았지요. 의학 생도는 학생인 동시에 의사의 자격으로 진료도 맡았어요. 그러다가 의과라는 과거 시험에 합격하여 실력을 증명하면 정식으로 의관이 될 수도 있었지요.

전의감에서는 다른 의료 관청과 힘을 합쳐서 구급약을 만들어 팔기도 했어요. 돌림병이 생길 조짐이 보이면 약을 미리 만들어서 백성들이 질병을 치료할 수 있게 도왔어요.

세종대왕 때 돌림병이 심한 해에는 이런 기록도 있어요.

"올해 역병이 지난해보다 곱절이나 더하다. 한성부와 동서 활인원, 전의감, 혜민국, 제생원 등에 여러 가지 치료하는 방법을 알리게 하라. 또 널리 약재를 준비하여 치료하게 하라. 이 과정에서 비리가 없도록 사헌부는 철저하게 조사하여 살피게 하라."

「세종실록」 60권, 세종 15년 6월 15일 기록, 1433년

세조대왕이 예조에 명령한 기록도 있어요. 예조는 오늘날 외교부, 교육부, 문화체육관광부를 합친 것과 비슷한 일을 했던 조선 시대의 행정 부서예요.

"전의감, 혜민국, 재생원에서 구급약을 팔지 않아서 어린 아이들이 많이 죽게 되니, 불쌍하기 그지없다. 이제부터 구급하는 약을 지어서 팔라."

「세조실록」 5권, 세조 2년 9월 16일 기록, 1456년

이처럼 전의감에서는 약재를 두루 관리하는 중요한 일을 맡아 했어요. 또 의원을 키워 내고 선발하며, 병자를 치료하는 데에도 힘을 썼지요.

왕실 병원, 내의원

나라를 처음 세우면 왕은 자신의 자리를 튼튼하게 다지려고 애를 써요. 나라의 법과 규칙을 다듬어 왕의 힘이 세다는 걸 널리 드러내기도 하지요.

조선 왕조도 그랬어요. 왕실의 건강과 병치레를 책임지는 기관의 힘을 키우려 했던 데에도 그런 뜻이 담겨 있어요. 처음에는 고려의 제도를 그대로 가져다 썼어요. 다만 '전의시'라고 부르던 걸 마지막 한 글자만 바꿔 '전의감'이라고 불렀어요. '시' 보다 '감'이 높은 등급이거든요. 전의감에서 왕실에 필요한 약을 다루는 의원은 따로 약방에 모여서 일했어요. 이때 약방은 내약방이라고도 했지요. 여기서 '내'란 글자는 '안 내(內)' 자로, 궁궐 안을 말하는 거예요. 정확히는 왕실을 뜻하는 거지요. 왕과 왕실의 약재를 다루니, 내약방 의원은 최고의 실력을 갖추어야 했어요.

오늘날 정부의 행정안전부 역할을 했던 이조에서 세종대왕에게 아뢰었어요. 내약방의 이름을 바꾸자는 거예요.

> "내약방은 매우 중요한 일을 하는데 그저 약방이라고 부르고 있사옵니다. 또한 약방의 관원은 따로 부르는 이름도 없사옵니다. 하여 청하오니 내약방을 내의원이라 부르고, 관원을 열여섯 명을 두고, 벼슬의 품계마다 이름을 정하옵소서."
>
> 「세종실록」 100권, 세종 25년 6월 15일 기록, 1443년

세종대왕은 이조의 청을 허락했어요. 조선 시대 왕실의 의술과 약재는 내의원에서 맡게 된 거예요. 내의원은 전의감, 혜민서와 함께 삼의원이라 불렸어요. 조선 사람의 건강을 돌보고 병을 치료하는 병원 삼총사인 셈이지요.

내의원에서 일하는 의원들은 왕의 명에 따라 때로는 멀리 나가 다른 곳에 있는 병자를 치료했어요. 벼슬자리가 높은 사람들을 돌보기도 했지요.

중종대왕 때 좌의정 벼슬을 하고 있던 성희안은 내의원 약을 쓰게

해 달라고 임금께 청했어요.

"신이 몹시 숨이 차는 병, 천촉증이 있습니다. 그런데 혜민서와 활인서, 또 약을 파는 사사로운 곳에서 약을 지어 봤으나 약이 다 정교하지 못하옵니다. 그러니 감히 내의원에서 지은 약을 청하옵니다."

『중종실록』 17권, 중종 8년 2월 5일 기록, 1513년

성희안이 이렇게 직접 요청을 하니 중종대왕은 약을 지어 주도록 명했어요. 이것만 보면 성희안이 얌체처럼 보일지도 몰라요. 하지만 당시 성희안은 병 때문에 몇 차례나 벼슬을 그만두려고 했어요. 그런데 중종대왕이 허락하지 않았어요. 계속 일을 하려면 병이 나아야 하니까 하는 수 없이 좋은 약을 청한 거예요.

이렇듯 내의원에서는 높은 벼슬자리 양반들을 보살펴 주기도 했어요. 내의원 의원이 약재를 정밀하게 다루지 못하고, 실력이 부족하다고 판단되면 전의감으로 쫓겨나기도 했어요.

내의원에서는 책을 펴내는 일도 했어요. 병이 나면 어떻게 약을 쓰고 치료해야 하는지를 다룬 의학책을 펴낸 거예요. 『언해구급방』(응급 구조에 관한 책), 『언해두창집요』(두창 전문 책), 『언해태산집요』(산부인과 전문 책)는 다 내의원에서 펴낸 책이에요. 여기서 '언해'란 말이 붙은

것은 한글로 풀이를 했다는 뜻이에요.

 이렇듯 내의원은 중요한 일을 했고, 의원들의 실력도 조선 최고였어요.

지방 공립 병원,
제민루

 아픈 걸 좋아하는 사람은 없어요. 아플 땐 누구나 병이 빨리 낫길 바라지요. 그런데 치료를 도와줄 병원이 없다면 정말 괴로울 거예요. 옛날에는 요즘처럼 언제 어디서나 병원에 갈 수 있는 게 아니었어요. 의원을 만나고 약을 구하는 일이 무척 어려웠거든요.

 한양이 아닌 지방에서는 더욱 힘들었어요. 하지만 나라에서는 간단하고 쓸모 있는 의학책을 펴내서 백성들에게 나누어 주면 일이 해결된다고 여겼어요.

 그런데 1393년 전라도 최고 벼슬아치 김희선이 상부 기관에 이런 보고를 했어요.

"지방에는 의약을 잘 아는 사람이 없습니다. 지방의 각 도에 의학교수 한 사람을 보내어 의원을 설치하고, 양반의 자식들을 뽑아 학생으로 삼고, 조심성 있고 온후한 사람을 뽑아 의서를 배우게 하소서. 약재료를 구하는 사람들을 두어 처방에 따라 약을 만들고, 병에 걸린 사람이 있을 때 바로 살펴 치료할 수 있게 하소서."

「태조실록」 3권, 태조 2년 1월 29일 기록, 1393년

하지만 양반들은 의술을 배우려 들지 않았어요. 의업은 기술 직업이어서 천하다고 무시한 거예요. 그러니 나라에서는 의원의 신분을 높일 수 있는 특별한 방법까지 생각해 냈지요.

"의원 생도는 다른 일을 시키지 말고 오로지 의업만 익히게 하소서. 의생 가운데 재주가 뛰어난 자들은 특별히 뽑아서 중앙의 전의감과 혜민국에 보내게 하소서."

「세종실록」 38권, 세종 9년 11월 2일 기록, 1427년

이런 기록이 있는 걸로 보아, 조선 초기부터 조정에서는 병원을 만들려는 노력을 계속한 걸로 짐작할 수 있어요. 하지만 그건 조정의 뜻만 가지고 되는 일은 아니었어요. 지방 양반들이 적극적으로 도와야

할 수 있는 일이었지요.

　최초의 공립 지방 병원으로 알려진 제민루는 처음에는 보잘것없었어요. 1418년(태종 18년), 영주 군수 이윤상이 영주의 성 남쪽에 세 칸짜리 건물을 지은 것이 시작이었지요. 내의원에서 필요한 약재를 마련하는 곳으로 세운 거예요.

　그 뒤 1433년(세종 15년), 영주 군수 반저가 제민루를 살펴보니 약재를 말리고 저장하는 장소가 너무 좁았어요. 그래서 일손을 모아 건물을 늘렸어요. 물가에 터를 골라 축대를 쌓고 누각도 세웠지요. 필요한 약재를 마련하여 임금께 올리고 백성들한테도 내줬어요.

　나중에는 제민루에 몇 칸을 덧대어 짓고 공부하는 서당처럼 쓰기도 했어요. 마을 사람들이 모이는 장소로도 쓰였어요. 학문이 높기로 소문난 퇴계 이황도 20살 즈음 친구들과 함께 제민루에서 소학을 공부했다는 기록이 있어요.

　하지만 제민루는 공부하는 서원으로는 적합하지 않았어요. 원래 학교가 아닌 곳을 임시로 빌리다 보니 공부를 하기엔 늘 불편했지요. 함께 책을 읽고 토론을 하다 보면 시간이 휙 지나가는데, 자리를 빨리 비워 줘야 했으니까요.

　이를 딱하게 여긴 군수가 몇몇 사람과 뜻을 모아 서원을 지어 줬어요. 그동안 학교, 모임 장소 등으로 쓰이던 제민루는 이때부터 온전히 의원 일만 맡기 시작했지요.

제민루가 제대로 된 의원의 모습을 갖춘 것은 100여 년이 지난 1591년(선조 24년)이에요. 군수 이대진은 제민루 북쪽에 건물을 크게 짓고 정성을 들여 가꿨어요. 의원 규칙을 갖추고 꾸려 나갈 돈도 마련했어요. 드디어 제민루는 본격적인 지방 의원으로 자리매김했어요. 임진왜란 같은 전쟁이 있을 때나 관아의 관심이 줄어들 때는 위태로워지기도 했지만요.

제민루를 운영하는 돈은 나라에서 내준 땅이 바탕이 됐어요. 여기에 지방의 선비들이 기부했던 돈도 큰 역할을 했지요. 『영주읍지』를 보면 제민루를 어떻게 관리했는지 잘 나와 있어요.

예를 들어 약재를 구하는 일손은 승려에게 맡겼어요. 승려는 산길을 잘 알고 약으로 쓰는 동물과 식물에 대해서도 지식이 많으니까요. 땔감 마련하는 일손까지 하면 50명이 넘는 이들이 늘 제민루에 머물렀어요. 숯을 만들기도 하고, 약재를 직접 키우기도 하면서 사계절 내내 약재를 준비했어요.

제민루에서 갖고 있던 의학책은 100여 권이나 됐어요. 이건 결코 적은 게 아니에요. 유네스코 세계유산으로 지정된 소수 서원에서 갖고 있던 책이 500여 권이었으니까요. 소수 서원은 조선 시대의 대학교와 같은 곳이니, 제민루가 소장한 책의 양은 굉장한 거였지요.

허준이 『신찬벽온방』을 새로 펴냈을 때는 제민루의 책들을 장만하기도 했어요.

제민루에서 쓰는 물건은 마을 사람들에게 빌려주기도 했어요. 제민루에서 관리했던 『잡물질』이라는 장부를 살펴보면 '솥을 논녀와 여정이 하나씩 빌려 가고, 도끼 자루를 김돌쇠가 잃어버리고, 숟가락 한 개를 강아지가 부러뜨린 것'까지 적혀 있어요.

이렇게 철저하게 살림한 덕분에 제민루의 이름은 나날이 높아졌어요. 선조대왕 때 재상이던 서애 유성룡은 아들에게 편지를 썼는데, 제민루에서 만든 약을 꾸준하게 먹으라고 당부했지요. 의학에 일가견이

경상북도 영주에 있는 제민루의 현재 모습

있던 유성룡이 제민루를 언급한 걸 보면, 제민루의 이름이 얼마나 드높았는지 알 수 있어요.

　이렇듯 제민루는 지방 사람들의 의료에 실질적인 도움을 주었어요. 주민들이 어려운 일을 당했을 때도 도움을 주는 역할을 했지요. 제민루는 우리나라에 맨 처음 지어진 지방 공립 병원인 동시에 모범이 되는 의원이었어요.

최초의
지방 사립 병원,
존애원

제민루가 지방 공립 병원이라면 존애원은 조선 시대 지방의 사립 병원이에요.

당시 내의원, 전의감, 혜민서, 활인서처럼 환자를 돌보고 약을 대던 시설은 대부분 수도인 한양에 몰려 있었어요. 그에 비해 지방에선 의원도 약도 귀했어요.

몸이 아플 때 돌볼 수 있도록 지방에도 약재가 마련되어 있으면 큰 도움이 될 터였지요. 약재를 미리 마련하는 것은 혼자의 힘으로는 어려웠어요. 여러 사람이 함께 돈을 모아 준비해야 했지요.

상주의 선비들은 계를 만들었어요. 약재를 미리 준비해 두고 급할 때 쓰려는 약계였어요. 약을 마련하면 약을 보관할 창고도 있어야지요. 아픈 사람이 있으면 진찰하고 처방을 내릴 의사도 필요했어요.

상주를 대표하는 선비였던 정경세는 의술을 잘 아는 친구 성람에게 말했어요.

"우리는 피와 살을 지닌 몸을 가지고 있어, 추위와 더위 때문에 생기는 병이 사백여 가지나 되네. 그 병들이 우리 몸을 공격해 오네. 그런데도 약은 한두 가지도 갖추지 못하여 자기 명대로 살지 못하고 죽네. 그것은 바위 담장 아래서 묶인 채로 죽어 가는 것과 같지 않은가? 지금 그대는 글에도 학문에도 의술에도 훤히 통해 막힘이 없네.

(중간 생략)

이제 동지들과 대략 약재를 모아 급할 때 쓰고자 하니, 진료하고 약을 주는 일은 그대가 맡아 주게나."

이렇게 지극한 정성으로 청하니 성람도 뜻을 같이했어요. 존애원은 드디어 임시 막사와 약재를 보관하는 창고를 갖추게 되었고, 정식 의원으로 출발할 수 있었어요. 몇 년 뒤에는 번듯한 건물도 세웠어요.

존애원은 '마음을 지키고 길러서 다른 사람을 사랑한다'는 뜻이에요. 보통 계라는 것은 계에 든 사람만 혜택을 받는 모임이에요. 하지만 존애원은 달랐어요. 원하는 사람은 누구나 존애원에서 약을 구할 수 있었거든요. 정말 다른 사람을 사랑한다는 이름값을 했지요.

만약 계에 든 사람만 존애원을 이용할 수 있었다면 역사적으로 큰 의미가 없을 거예요. 존애원은 신분의 높고 낮음에 상관없이 누구에

경상북도 상주에 있는 존애원의 현재 모습

게나 문을 열어 주었어요. 바로 이런 정신이 오랜 시간이 지난 지금까지도 존애원의 뜻을 기리는 이유일 거예요.

제 5 장

역병, 함께 이겨 내다

선조들은 누군가 역병에 걸렸을 때
병자 한 사람의 일이라고 여기지 않았어요.
그 사람이 속한 가족과 가문,
마을 전체의 일이라고 생각했지요.
임금은 자신의 덕이 부족하기 때문이라고도 했어요.
역병을 개인의 문제로 여기지 않고 공동체 전체가
함께 헤쳐 나가야 하는 과제라고 생각했던 거예요.
지금까지는 조정과 군주가 어떤 노력을 했는지,
어떤 의학책들이 길잡이가 되어 주었는지,
의료 기관의 제도에는 어떤 것들이 있었는지 살펴봤어요.
이 장에서는 개인을 넘어, 역병의 두려움을 함께
극복하려 했던 선조들의 노력을 살펴볼 거예요.

홍역의 신,
이헌길

어려운 때에는 늘 영웅이 있어요. 여러 역병이 조선을 휘몰아치던 때에도 영웅은 있었지요. 이헌길은 역병 시대의 영웅이라 부르기에 마땅한 인물이에요.

홍역은 몇 년에 한 번씩 크게 유행했어요. 제때 치료하지 않으면 금세 죽음에 이르는 무서운 병이에요. 그래서 대비하기가 여간 힘든 게 아니었어요.

이헌길은 이런 병의 특징을 잘 알고 어려운 상황에서도 수많은 사람의 목숨을 구했어요. 이헌길의 고향은 전주인데, 언제 태어나서 언제 사망했는지는 정확한 기록이 없어요. 하지만 조선 후기에 '홍역의

신'이라 불릴 만큼 대단한 인물이었던 건 분명해요.

1775년, 이헌길이 38세였을 때 한양에 홍역이 크게 유행했어요. 헌길이 마침 한양에 이르렀는데 관을 메거나 삼태기를 지고 성 밖으로 나가는 사람이 끝없이 보였어요. 잠깐 새 100여 명이나 지나가는 거예요. 홍역 때문에 사망한 사람들을 지고서요.

그때의 상황이 얼마나 심각했는지 『조선왕조실록』을 보면 나와요.

> 영의정이 임금에게 이렇게 아뢰었다.
> "전하, 서울과 지방에서 홍진이 크게 돌아 젊은 나이에 사망하는 사람이 헤아리기 어려울 정도로 많습니다. 역병을 일으키는 귀신을 위해 제사를 지내는 게 어떻겠습니까?"
> 며칠 뒤 조정에서는 비상 회의를 했다.
> "전하, 지방에서 한양에 올라와 당번을 서는 군사(상번군)들 중에 앓는 이가 대단히 많습니다. 사망하는 자까지 나오고 있습니다. 이는 홍진 때문입니다. 홍진이 잦아들 때까지 상번군을 멈추심이 어떻겠습니까?"
> 이런 보고를 받고 영조는 상번군을 멈추라고 명령했다.
>
> 『영조실록』 125권, 영조 51년 7월 19일 · 7월 30일 기록, 1775년

이렇게 위급한 때라면 의원인 헌길에겐 마땅히 할 일이 있을 거예

요. 그런데 헌길은 상을 당한 상태였어요. 조선의 예법으로는 상중에 다른 일을 하면 안 돼요. 돌아가신 분을 그리워하며 슬퍼하는 게 도리라고 생각했거든요. 하지만 헌길은 슬퍼만 하고 있을 수가 없었어요.

'병을 고칠 의술을 가지고 있는데도 예법에 얽매어 병자를 모른 체하는 것은 잘못된 일이다. 우선 산 사람들은 살리고 봐야 해.'

홍진에 걸린 백성이 이다지도 많다니….

헌길은 홍역에 대해 누구보다 더 잘 알고 있었어요. 그래서 몇 마디만 들으면 증상에 따라 바로 처방을 해 줄 수 있었지요.

"아이 몸이 불덩이 같아요. 펄펄 끓고 있어요!"

"아이에게 붉은 좁쌀 같은 반점이 나타났어요!"

"제 아이는 가렵다며 온몸을 긁고 있습니다!"

헌길이 이런 증상에 딱 맞는 처방을 써 주자 사람들은 바로 효과를 보았지요. 헌길 주위에는 병을 고치려는 사람들이 몰려들었어요. 말 그대로 인산인해를 이루었지요. 치료를 받으려는 사람이 너무 많아서 혼자 감당하지 못할 정도였어요. 그래서 헌길은 빠른 방법을 생각해 냈어요.

"자, 홍진을 치료하는 처방을 불러 줄 테니 받아 적도록 하세요."

글을 쓸 줄 아는 사람들은 종이와 붓을 꺼내 이헌길의 입이 떨어지기를 기다렸지요. 시골에서 온 선비들은 그 처방을 마치 경전처럼 믿었어요. 덕분에 사람들이 집으로 돌아가는 곳마다, 시골 구석구석까지 헌길의 처방이 퍼질 수 있었지요. 이렇듯 헌길은 역병에 걸린 병자들의 고통을 덜어 주고 수많은 목숨을 구했어요.

이헌길은 정종대왕의 열째 아들 덕천군의 14대손으로 태어났어요. 어려서부터 서학을 공부하는 사람들과 어울리기를 좋아했고, 조선에 널리 퍼져 있던 주자학을 비판하는 사람들과 함께 자랐어요. 그래서 옛 관습에 얽매이지 않고 새로운 학문에 마음을 활짝 열고 살았어요.

덕분에 헌길은 상중에도 수많은 병자를 구할 수 있었던 거예요.

이헌길은 홍역을 치료하는 전문 의학책 『마진기방』과 『을미신전』을 남겼어요. 헌길의 훌륭한 의술과 책 덕분에 정약용도 불후의 명작 『마과회통』을 남길 수 있었지요.

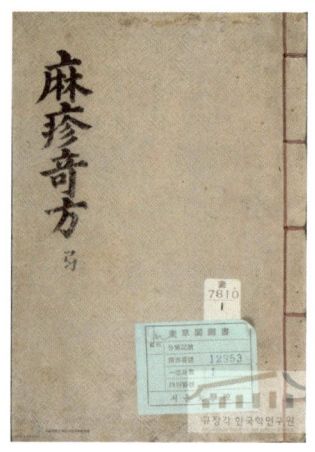

이헌길이 쓴 『마진기방』

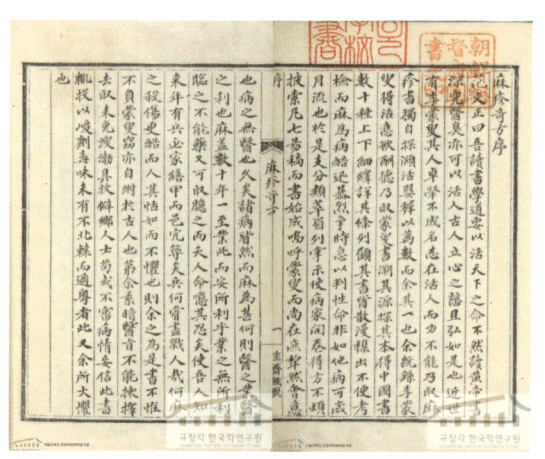

사찰이 병막으로

    1755년 겨울, 경상도에 역병이 휘몰아쳤어요. 병은 오랫동안 수그러들지 않고 기승을 부렸지요. 경북 문경에는 대승사라는 절이 있어요. 사방에 병자가 넘치자 대승사 스님들은 병자들을 대승사로 불러들였어요. 거지는 물론 양반, 상민 가릴 것 없이 수많은 병자들이 몰려들었어요. 스님들은 죽을 끓여 먹이면서 그들을 보살폈어요.

    당시에는 집에 병자가 있으면 가족들과 격리하여 2차로 병이 퍼지는 것을 예방했어요. 스님들은 병에 걸릴 각오를 하고 아픈 사람들을 돌본 거예요. 마치 나라에서 무료로 운영하는 활인서에서 세운 병막처럼 말이에요.

양반 이문건이
역병에 맞서는 법

 이문건은 조선 초기와 중기를 살았던 문관이에요. 그런데 역사의 소용돌이에 얽혀서 23년이나 귀양살이를 했어요. 그런 중에도 이문건은 41살에서 73살 사이에 약 18년 동안 일기를 썼어요. 일기에는 역병에 관한 내용도 있어요.

 1547년 정월, 이문건이 고향인 성주에 살 때였어요. 나라에 역병이 유행하자 이웃에 사는 사람도 병에 걸리고 말았어요. 이문건은 성주 목사 이윤경에게 편지를 썼어요.

 '병자를 다른 곳으로 옮겨 줄 것을 청합니다.'

 그러자 벼슬아치 밑에서 일하던 구실아치의 우두머리가 문건의 집을 찾아와 답했어요.

"마땅히 병막을 치고 병자를 옮기겠습니다."

조선 시대에는 역병이 생기면 병자를 따로 격리하는 병막을 세웠어요. 역병이 퍼지는 것을 막으려는 거지요. 그런데 병자가 그날 밤을 넘기지 못하고 죽고 말았어요. 그러자 마을 사람들은 그 집을 불태웠어요.

이렇듯 미처 병막으로 옮겨지기 전에 병자가 사망할 경우, 보통은 그 사람이 머물러 살던 집과 살림살이를 불태웠어요. 병자의 물건을 태우는 게 방역에 도움이 된다는 사실을 과학적으로 증명하지 못하는 때였는데도 말이에요. 병에 대한 두려움을 이겨 내려면 어떤 방편이든 필요했을 거예요. 선조들은 물건을 불에 태우거나 살던 곳을 옮기는 방식으로 병을 막고 액을 피하려 했지요.

1559년 1월에도 역병이 퍼졌어요. 당시에 이문건은 성주에서 귀양살이를 하고 있었어요. 그런데 이웃집 사람이 이문건을 찾아왔어요.

"지금 병막이 물 긷는 곳 바로 옆에 세워져 있어요. 그곳은 사람들이 자주 드나드는 곳이니 병막을 두는 장소로 적합하지가 않습니다. 병막을 다른 곳으로 옮기도록 판관에게 요청해 주세요."

"옳은 말이오. 내 기꺼이 판관께 청하리다."

원래 병막은 병이 옮지 않도록 마을의 공공장소를 피해 세웠어요. 그런데 어쩐 일인지 물 긷는 곳 바로 옆에 병막이 세워져 있었던 거

예요.

어떤 일기에는 병이 퍼지는 걸 막기 위해 제사를 멈추었다는 이야기도 나와요. 이웃 마을에 두창이 퍼지기 시작했다는 소식이 전해지자 집안의 제사를 멈춘 거예요. 조선 시대에 제사는 무척 중요한 행사였어요. 그런데도 그걸 멈춘 이유는 무엇일까요?

역병을 일으키는 역신이 이미 집 안에 들어와 있다고 여겼기 때문이에요. 역신이 있는데도 조상신에게 제사를 지낸다면 역신이 화를 낼 테니까요. 성리학이 널리 퍼져 있던 때였지만, 역신에게 잘못 보이면 식구들이 위험해질 것으로 해석한 거지요.

그렇게 조심을 했는데도 이문건의 손자 손녀는 두창에 걸렸어요. 이문건은 정성을 다해 보살폈어요. 그 덕분인지 손자 손녀는 무사히 건강을 회복했지요.

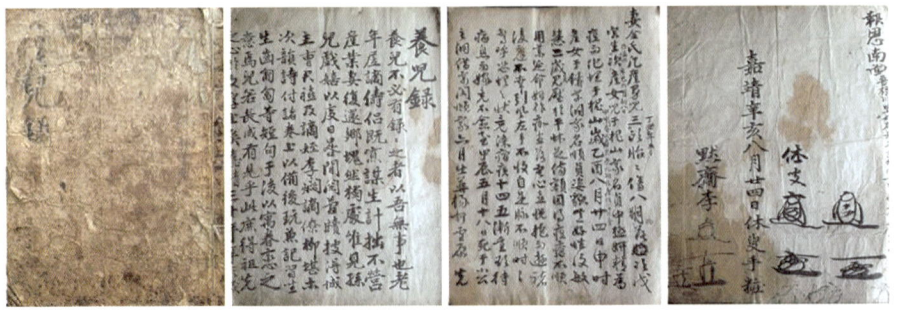

이문건의 『양아록』. 왼쪽부터 표지, 글머리, 50쪽, 마지막 장 순이다.

 두창신 모시기

　이문건의 손자 숙길이 두창을 앓던 때 조선 사람들은 두창신을 중요하게 여겼어요. 두창이 유행할 때는 두창신이 머무르고 있다고 여기고, 제사는 물론 잔치도 열지 않았어요. 바깥 사람들도 드나들지 못하게 했지요.
　비린내 나는 음식도 피하고 쓰레기에서 나쁜 냄새가 나지 않게 조심했어요. 이런 규칙을 어기면 죽게 된다고 여겼어요. 반대로 깨끗하게 목욕을 하고 기도를 하면 열에 예닐곱은 죽다가도 살아난다고 믿었지요.
　그 뒤로 40~50년이 지났을 때에는 두창에 약을 쓰지 않고 그대로 두는 풍습이 생겨났어요. 약을 쓰면 두창신이 화를 낼 거라고 여긴 거예요. 이런 풍습은 궁궐에까지 퍼졌고, 선조대왕은 왕자가 두창에 걸렸을 때 약을 쓰지 않아 왕자를 잃기까지 했어요.
　다음에 다른 왕자가 두창이 걸리자 선조대왕은 생각을 바꿨어요. 아무 약도 쓰지 않는 어의를 제치고 허준에게 약을 쓰라고 했어요. 허준의 처방은 성공적이어서 왕자는 살아났지요. 그러자 선조대왕은 허준에게 3장에서 소개한 의학책 『언해두창집요』를 펴내게 했던 거예요.

병자 격리는 확실하게!

　황윤석(1729~1791년)은 조선 후기에 학문이 깊고 지식이 넓기로 유명했던 사람이에요. 윤석은 지식과 학문으로 볼 때 전라도에서 제일이라고 꼽히던 지식인이었지만, 과거 시험에는 번번이 떨어져 낮은 벼슬을 했어요.

　그는 10살 때부터 63살까지 53년 동안 거의 매일 일기를 썼어요. 일기에 나온 바로, 황윤석은 일생을 대부분 가난하게 살았어요. 특히 한양에 머물 때엔 무척이나 궁핍했지요. 그런데 하인이 역병에 걸리고 말았어요.

　당시에는 역병에 걸리면 활인서에 병자를 격리해야 했어요. 하지만 윤석은 자기 하인을 활인서에 보낼 수가 없었어요. 한양 전체에 역병이 유행할 때라서 병막은 이미 꽉 차 있었거든요. 그렇지만 방법이 아주 없진 않았어요.

"성 밖에 돈을 내고 들어가는 병막이 있긴 합니다."

누가 윤석에게 유료 병막이 있다고 알려 준 거예요. 윤석은 돈을 내야 한다는 말에 다시 물었어요.

"혹 얼마나 드는지 아시오?"

"듣기로는 석 냥은 주어야 한다고 하더이다. 석 냥짜리 공명첩이라는 것을 사면 약방 사람이 따로 운영하는 병막에 갈 수 있을 거요. 공명첩을 주면 병자에게 음식을 주고 보살펴 준다고 하오."

황윤석은 한숨이 저절로 나왔어요. 1냥도 쓰기 어려울 정도로 돈이 없었거든요.

한 달여 전의 일이었어요. 황윤석은 자신의 고질병을 치료하는 데 하수오라는 풀로 만든 알약이 효과가 있다는 말을 들었어요. 약방에 물어보니 하수오로 만든 알약은 1냥 1전 3푼이었어요. 황윤석은 그 돈이 없어서 약을 지어 먹지 못했어요.

그런데도 황윤석은 3냥을 써서 결국 하인을 병막에 보냈어요. 그 사이에 돈이 생긴 것인지, 누구한테 꾼 것인지는 알 수 없어요. 하지만 윤석이 자신의 고질병 치료보다 병자가 된 노비의 격리를 우선으로 했다는 건 짐작할 수 있어요. 또한 역병에 걸리면 격리가 꼭 필요

피접

병막

두기

자가격리

하다는 생각이 당시 사람들에게 분명했다는 사실도 알 수 있지요.

1778년 10월 26일, 황윤석은 고향을 떠나 장릉으로 가던 중 금구 지역을 지날 때 '두기'를 보았다고 했어요. 두기란 두창 깃발을 말해요. 두창을 앓는 환자가 집에 있으면 깃발을 달아 병자의 집이라는 사실을 알리는 방법이었어요. 두기를 달면 사람들이 함부로 드나들지 않았지요. 요즘 자가 격리를 하는 것과 마찬가지예요.

자가 격리의 예는 금난수의 일기에서도 볼 수 있어요. 금난수는 소과에 급제했으나 대과에는 붙지 못하여 평생 능참봉이라는 종9품의 낮은 벼슬을 했던 이에요. 그는 25살이 되던 1554년부터 사망한 1604년까지 약 50년간 일기를 썼어요.

때는 1579년, 세 달이 넘게 역병이 돌자 난수의 큰아들이 병에 걸리고 말았어요. 큰아들은 암자에 나가 있었는데, 금난수는 암자로 말을 보내서 아들을 집으로 데려왔어요. 대신 집에 있던 가족들은 모두 다른 곳으로 피해 나갔지요.

조선에는 병에 걸린 사람이 머무르는 장소를 옮겨서 병이 낫기를 기대하는 풍습이 있었어요. 그걸 피접이라고 불러요. 피접은 병세가 그리 깊지 않거나, 일시적으로 가벼운 증세가 있을 때 주로 썼어요. 자신의 집에서 방을 바꾸기도 하고, 가까운 이웃의 방을 빌려 며칠 동안 머물기도 했지요. 선조들은 피접을 통해 자가 격리를 실천한 거예요.

신께 기도하여
역병을 달래다

조선 시대 사람들은 병이 생기는 것을 귀신이 벌이는 일이라고 여겼어요. 그래서 무당이나 점쟁이, 스님에게 의지했지요. 가난하거나 신분이 낮은 사람은 의원을 보기도 어렵고 약을 구하기도 어려웠으니까요. 네델란드 동인도 회사에서 일하던 선원 하멜은 16세기 중반 조선에 표류했던 경험을 쓴 『하멜표류기』에서 이렇게 말했어요.

'조선의 하층민은 환자가 생기면 가장 먼저 점쟁이를 찾는다.'

점은 돈을 적게 들이면서도 답답한 속을 풀 수 있는 손쉬운 방법이었어요. 앞을 못 보는 맹인 점쟁이를 판수라고 불렀는데, 하층민뿐 아니라 사대부도 점을 보기 위해 판수를 많이 찾아갔어요.

무당에게 기대는 것도 흔한 일이어서 굿마당이 자주 펼쳐졌어요. 역병이 돌 때는 호구거리라는 굿판을 벌였어요. 역병을 일으키는 호구신 이야기를 풀어내는 굿이에요. 호구신이 어디에서 왔는지, 어떻게 하면 떠나는지를 노래와 춤으로 보여 주지요. 요즘으로 치면 연극 치료와도 같아요.

하지만 어떤 이들은 굿을 부정적으로 보았어요. 조선 중기의 학자 오희문은 『쇄미록』(임진왜란 때 쓴 피난 일기)을 썼어요. 일기에는 오희문이 병이 났을 때 그의 어머니가 무당을 불러 굿을 하고 스님에게 경전을 읽어 달라 부탁했다는 내용이 나와요. 이에 대해 오희문은 소용없는 일이라고 말해요.

하지만 특효약이 없는 병에 걸렸을 때는 사대부 집안에서도 점을 치거나 스님에게 독경을 부탁하기도 했어요. 오희문도 약이 안 듣는 병에는 맹인에게 경전을 읽어 달라고 했거든요.

유희춘(1513~1577년)은 조선 전기의 문신이에요. 참판, 관찰사 등 높은 벼슬을 지냈어요. 그도 점을 보지는 않았어요. 다만 사람이 사망했을 때는 맹인에게 경전을 읽어 달라고 부탁했다고 해요. 그가 쓴 『미암일기』를 살펴보면 백방으로 약을 써도 병이 낫지 않을 때에는 독경을 부탁했다고 적혀 있어요.

사람들은 부적을 그려서 기도를 하기도 했어요. 바위에 부적을 그리거나 귀신을 쫓는 그림을 붙였지요. 문이나 기둥, 지붕의 기와 끝에 그려 넣거나 몸에 지니기도 했지요. 입춘 때 대문에 붙이는 입춘방도 부적이에요. 궁궐에서도 문설주 위에 부적을 붙였어요.

역병의 재앙을 막는 부적의 목판

부적은 종이, 돌, 나무, 청동 같은 재료로 만들었고, 그중에서는 종이 부적을 가장 많이 썼어요. 부적의 글씨나 그림은 검은색, 노란색, 파란색도 썼는데 빨간색이 가장 흔했어요.

붉은색은 밝은 기운을 대표해요. 밝은 힘으로 어둠과 두려움을 쫓아내고, 병을 일으키는 귀신을 물리칠 수 있다고 여겼어요. 아기가 돌을 맞이할 때 붉은 팥떡을 해서 먹는 것이나, 도깨비를 쫓으려고 말의 피를 뿌리던 것도 다 같은 뜻이에요.

부적을 그리는 재료는 대개 자연에서 나는 주사를 썼어요. 주사는 붉은 모래로, 여러 돌 속에 섞여 있어요. 진한 붉은색을 띠고 다이아몬드같이 윤이 난다고 해요.

부적에는 용, 호랑이, 독수리와 해, 달, 별을 그려 넣었어요. 글자를 써넣기도 했는데, 보통 고대 인도 말인 범어를 썼어요.

지석영, 종두법으로 두창을 물리치다

 의학이 지금처럼 발달하지 않던 때에 두창은 무시무시한 병이었어요. 두창에 걸리지 않으려면 어떻게 해야 할까요?
 옛사람들은 다음과 같은 방법으로 두창을 막을 수 있다고 생각했어요.

- 두창 병자의 속옷을 가져다 입는다.
- 두창 병자의 고름을 상처 난 곳에 바른다.
- 두창 병자의 종기에 생긴 딱지를 가루로 만들어서 코로 들이마신다.

이 내용은 15세기 중국의 기록에도 나와요. 인도나 터키에서도 같은 방법을 썼지요. 정약용이 쓴 『마과회통』에도 나오는 방법이에요.

두창 환자의 고름을 이용하는 것은 효과가 확실했지만 안전하지는 않았어요. 고름을 접종한 사람 대부분은 가벼운 두창 증상만 앓다 지나갔지만, 자칫 잘못하면 죽음에 이를 수도 있거든요.

두창 딱지를 이용하는 방법도 쉽지 않았어요. 알맞은 딱지를 구하는 것도 어렵고, 구한 딱지를 보관하는 일도 어려웠지요.

그러던 어느 날, 영국 스코틀랜드 의사였던 제너는 이상한 소문을 들었어요.

'소젖을 짜는 사람들은 피부가 곱고 얼굴에 흉이 없다.'

여기서 흉이란 두창을 앓고 난 뒤 생기는 울퉁불퉁한 흔적을 말하는 거예요. 제너는 고개를 갸우뚱했어요.

'소젖을 짜는 사람들은 왜 두창을 앓지 않는 걸까?'

목장에서 일하는 일꾼들은 소젖을 짜면서 두창에 걸린 소의 고름을 만지게 되었고, 자기도 모르는 사이에 면역이 생긴 거예요. 대부분의 사람은 그저 짐작만 할 뿐이었지만 제너는 직접 확인해 보고 싶었어요.

1796년, 제너는 두창에 걸린 소의 고름을 아이에게 접종했어요.

"몸은 좀 어떠니? 어디 아픈 데는 없어?"

"없어요. 며칠 피곤한 것 빼고는 아무렇지도 않아요."

아이는 열도 나지 않고 부스럼도 생기지 않았어요. 두창에 걸리지 않은 거예요.

제너는 20여 차례나 실험을 한 뒤에 결과를 발표했어요. 드디어 두창을 예방할 수 있는 방법이 생긴 거예요.

소년은 왜 두창에 걸리지 않았을까요? 비밀은 면역력에 있어요. 두창에 걸린 소의 고름을 접종하면 두창에 대한 면역력이 생겨요. 그러면 나중에 사람의 두창 바이러스가 공격해도 면역 세포들이 바이러스를 알아보고 막아 내는 거지요. 제너는 이것을 '백신(vaccine)'이라 이름 붙였어요. 암소를 뜻하는 라틴어 '바카(vacca)'에서 따온 거예요. 제너가 얻은 두창의 고름이 암소한테서 나왔기 때문이에요.

사람의 두창 고름을 쓰는 방식은 '사람 인(人)' 자를 써서 인두법이라 불러요. 소의 두창 고름을 쓰는 방식은 '소 우(牛)' 자를 써서 우두법이라고 부르지요. 인두와 우두를 써서 두창을 예방하는 방법을 통틀어 종두법이라고 해요. 제너의 우두법은 곧 세상에 퍼졌어요. 지석영도 1879년에 이 방법을 배웠어요.

지석영은 한의학을 공부했지만 평소에 서양 의학책도 즐겨 읽었어요. 특히 종두법에 관심이 많았지요. 마침 지석영의 스승이 일본에 다녀오면서 선물을 전해 주었어요.

"종두법에 관한 책이네. 자네가 관심이 많아 구해 왔으니 공부해 보게."

지석영은 그 책을 열심히 공부했어요. 부산에 종두법을 잘 아는 일본인 의사가 있다기에 부산으로 달려가 두 달 동안 종두법을 배우기도 했어요.

지석영은 종두법을 배워서 서울로 곧장 돌아오지 않고 충주에 들렀어요. 그곳에서 나이 어린 처남과 동네 아이들 40여 명에게 우두 주사를 놓았어요. 이게 우리나라 최초의 우두 접종 기록이에요. 우두 접종을 한 아이들은 두창에 걸리지 않았어요.

지석영은 두창 예방법을 널리 퍼뜨리기 위해 많은 노력을 기울였어요. 우두법에 관한 책도 썼지요. 접종할 우두를 모으고 저장하는 기술

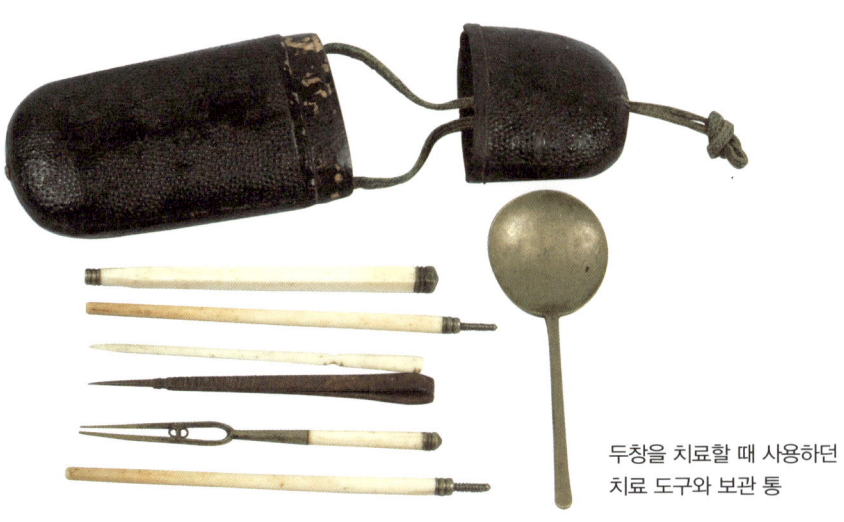

두창을 치료할 때 사용하던 치료 도구와 보관 통

을 배우러 일본에 가기도 했어요. 이 때문에 친일파라는 누명을 쓰고 체포되어 귀양살이까지 겪었지요.

　지석영은 힘든 시간을 보내면서도 우두법을 퍼뜨려서 사람들의 목숨을 구하려고 평생 애썼어요. 그 덕분에 조선 사람들은 두창의 위협에서 벗어날 수 있었던 거예요.

부록

세계를 발칵 뒤집은 감염병은?

● **흑사병**(페스트) | 14세기

유럽 흑해로 둘러싸인 크림반도에는 페오도시야라는 도시가 있어요. 14세기에는 카파라고 불렸는데, 이탈리아 제노바 상인들에게 중요한 무역 도시였어요. 중국과 유럽을 잇는 비단길의 길목에 있었거든요.

1346년 무렵 카파는 몽골 킵차크 한국 군대에 포위됐어요. 그런데 몽골군에 흑사병이 돌기 시작한 거예요. 하룻밤 사이에도 병사의 시체가 수북이 쌓이는 심각한 상황이었어요.

몽골군은 죽은 병사의 시체를 카파 성 안으로 던졌어요. 돌을 던지는 투석기에 돌 대신 시체를 넣고 쏘아 올린 거예요. 얼마 지나지 않아 카파에 흑사병이 퍼졌어요. 1347년이 되자 흑사병은 병사들과 상인이 가는 항구를 따라 유럽 전체로 퍼져 나갔지요.

당시 이탈리아 피아첸차에 살던 가브리엘레 데 무시스는 흑사병이 퍼지게 된 상황을 자세한 기록으로 남겼어요. 어떤 역사학자는 이 기록이 사실에 가깝지 않다고 의심하기도 해요. 하지만 데 무시스는 법률가였고, 흑사병의 치료와 처방에 상당한 지식을 지녔던 사람이에요. 그의 기록이 터무니없어 보이진 않아요.

흑사병은 페스트균 때문에 생겨요. 쥐벼룩이 병균을 옮겨서 쥐도 사람도 다 병에 걸려요. 흑사병으로 당시 유럽 인구의 3분의 1 이상이 목숨을 잃었다고 해요. 아시아와 아프리카에서도 피해를 입은 지역은 인구의 3분의 1이 사망했

투석기에 시체를 넣어 던지는 몽골군의 모습

어요. 그래서 사람들은 이 무시무시한 병을 두고 대역병이라 부르기도 했어요. 흑사병은 나중에 붙은 이름이에요.

흑사병 때문에 죽은 사람 중에는 농부도 많았어요. 그래서 농장 일손이 한참 부족하게 됐지요. 일하는 사람이 적으니 수확이 줄었고, 곡물값은 엄청나게 올라갔어요. 농부들은 땅 주인에게 큰소리를 칠 수 있게 됐어요.

그때부터 노예처럼 일하던 일꾼들과 땅 주인 사이의 관계가 바뀌기 시작했어요. 역사를 공부하는 사람들은 흑사병 때문에 봉건 제도가 막을 내렸다고 해요. 이처럼 감염병은 생각지도 못하게 세상을 바꾸기도 했어요.

● **티푸스** | 16세기~19세기

티푸스는 티푸스균에 감염된 이가 옮겨요. 조선에서 온역이라 부르던 감염병과 같은 병일 것으로 짐작해요. 이가 똥을 누면 피부를 자극해서 가려움증을 느껴요. 가려워서 긁으면 상처가 생기지요. 그 상처로 이의 똥에 들어 있던 티푸스균이 사람에게 옮아 가는 거예요. 천연두나 흑사병처럼 티푸스도 엄청나게 많은 사람을 죽게 했어요.

1489년 스페인 그라나다에서 기독교인과 이슬람교인이 싸우고 있었어요. 이때 기독교 군대는 티푸스가 유행하여 군사 만 7천여 명을 잃었어요. 전쟁에서 사망한 사람이 3,000여 명인데, 감염병으로 죽은 사람은 훨씬 더 많았던 거예요.

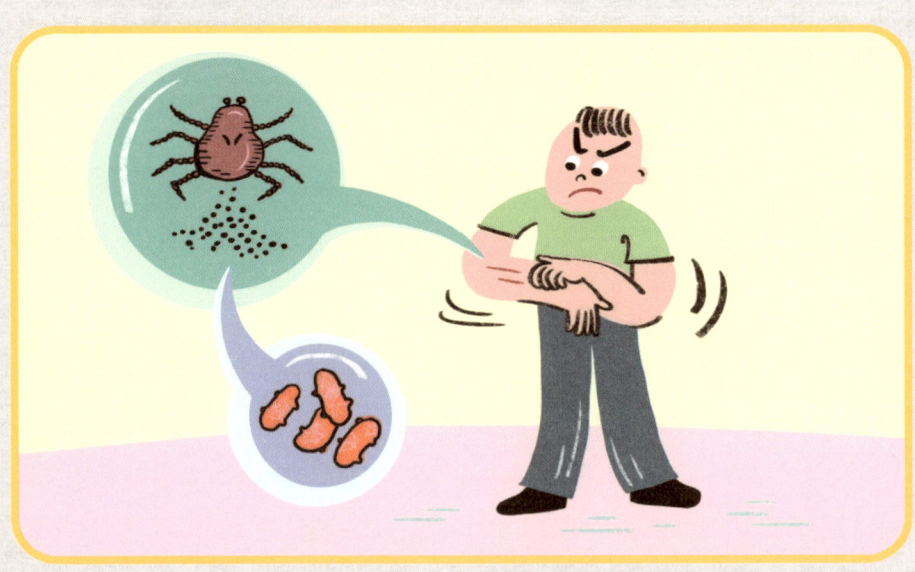

군대처럼 사람이 많이 모인 감옥은 티푸스가 걸리기 쉬운 곳이에요. 위생 상태가 좋지 않아 이가 많이 생기니까요. 나폴레옹도 러시아 모스크바에 쳐들어갔다가 물러

날 때 티푸스 때문에 고생했어요.

티푸스는 몸과 주변을 깨끗하게 하면 예방할 수 있어요. 몸에 기생하는 이가 생겼다면 이를 죽이는 살충제를 옷에 뿌려서 예방해요. 이미 병에 걸렸다면 항생제 치료를 해야 하지요.

『안네의 일기』로 유명한 안네 프랑크도 티푸스에 걸렸어요. 나치에 끌려가 수용소에 갇히게 되었을 때지요. 안네가 있던 베르겐벨젠 나치 수용소는 더러웠고 이가 우글거렸어요. 티푸스가 엄청나게 번지던 최악의 상황이었지요. 안네의 언니와 안네도 높은 열과 붉은 종기, 두통으로 고생하다가 결국 목숨을 잃고 말았어요.

● 두창(천연두) | 16세기~20세기

두창, 즉 천연두는 오래전부터 인류에게 고통을 줬어요. 역사적으로 이름난 사람들 중에 두창으로 사망한 사람은 정말 많아요. 기원전 12세기 이집트의 람세스 5세, 로마 황제 마르쿠스 아우렐리우스, 프랑스의 루이 15세, 청나라의 순치 황제 등이 그렇지요. 유럽에선 20세기 전까지 매년 수십만 명이 사망했다고 해요.

아메리카 대륙에는 두창이 16세기 전까지 퍼지지 않았어요. 유럽 사람들이 아메리카에 들어가면서 천연두 바이러스도 함께 들어갔어요. 두창 바이러스는 잉카 제국을 집어삼키기 시작했어요. 잉카는 아메리카에서 가장 큰 제국이었는데 결국 두창으로 무너지고 말았어요. 4명 중 3명꼴로 목숨을 잃었거든요. 17세기 초에는 지금의 뉴잉글랜드가 된 지역에서도 10명 중 9명이 목숨을 잃었어요.

두창에 한 번 걸리면 면역이 생겨요. 그래서 유럽이 아메리카 대륙을 차지하려고 할 때 무척 유리했어요. 유럽 사람들은 대부분 면역이 있었으니, 면역이 없는 원주민을 쉽게 정복할 수 있었던 거예요. 결국 아메리카 대륙에서 발달한 잉카 문명, 아즈텍 문명은 유럽에서 옮겨 간 두창 때문에 사라졌다고도 말할 수 있는 거지요.

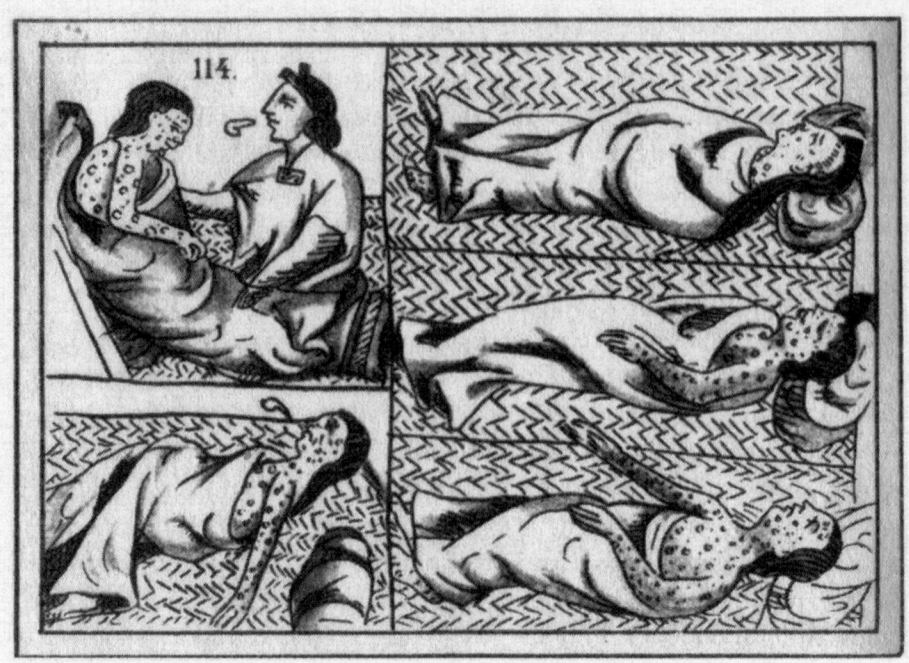

두창에 시달리는 아프리카 원주민의 모습

● **콜레라** | 1817년~

콜레라는 조선에서 호역, 혹은 호열자라 불리던 병이에요. 콜레라균은 지독한 설사병을 생기게 해요. 고대에도 콜레라가 있었지만 크게 유행한 것은 1817년이에요. 콜레라는 원래 인도의 벵골 지방에서 흔히 볼 수 있는 풍토병이었어요. 벵골만 갑각류에 콜레라균이 있었거든요. 그런데 세계로 뻗어 가는 배를 따라 콜레라도 함께 퍼졌지요.

콜레라에 걸리면 두 시간 만에 사망에 이르기도 해요. 설사가 멈추지 않아서 몸 안에 있던 물기가 다 빠져나가거든요. 이때 소금기 같은 전해질도 빠져나가요. 전해질

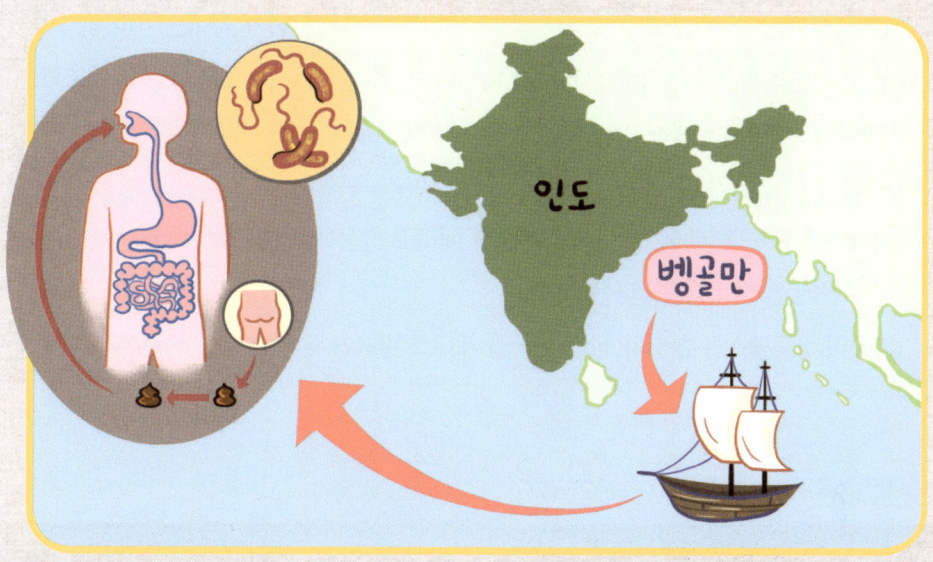

은 심장을 뛰게 하고 사람이 살아가는 데 꼭 필요한 것들이에요. 몸에서 물기가 빠지고 전해질이 균형을 잃으면 사망에 이르게 되지요.

콜레라 유행은 일곱 차례나 세계를 돌았어요. 해마다 3백만 명에서 5백만 명이 콜레라에 걸렸어요. 그리고 십만 명 이상이 사망했지요. 우리나라에서는 1821년에 콜레라가 유행했어요. 그 뒤에도 여러 차례 유행했고, 21세기에도 환자가 생겼어요.

● **스페인 독감** | 1918년~

1918년 스페인 독감이 전 세계를 덮쳤어요. 1918년은 제1차 세계대전의 마지막 해였지요. 이 전쟁 때문에 약 천만여 명이 죽었어요. 그런데 스페인 독감 때문에 사망한 사람은 2천만 명에서 8천만 명에 달했어요.

특히 군인들이 피해를 많이 입었어요. 전쟁을 하던 때라서 군인들이 함께 모여 있었고, 감염병은 모여 있으면 잘 퍼지잖아요. 게다가 돌연변이가 일어난 바이러스가 병을 일으켰기 때문에 감염력이 세져서 피해가 더 컸다고 전문가들은 여기고 있어요.

그런데 스페인은 억울해요. 스페인 독감은 스페인에서 시작된 게 아니거든요. 스페인 독감이 처음 생긴 건 영국 군인이 머물던 프랑스 북쪽이었다고 짐작해요. 영국 군인이 식량으로 근처 마을에서 돼지와 닭을 데리고 갔는데, 이때 조류 독감 바이러스가 돼지한테 옮겨서 생겨났다는 거예요.

영국이나 프랑스는 환자가 생겼다는 걸 제대로 발표하지 않았어요. 적군이 피해 사

군 병원에서 스페인 독감을 앓고 있는 군인들

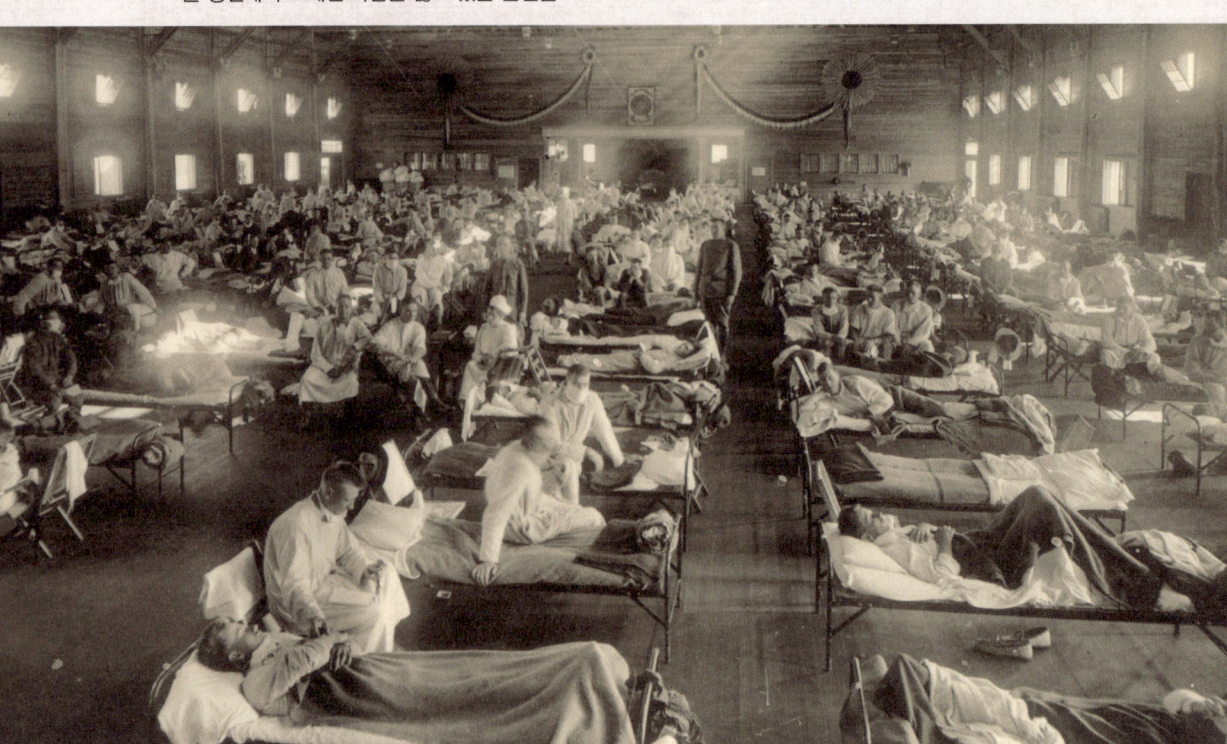

실을 알게 되면 전쟁에서 불리해질까 봐서요. 적군들도 마찬가지였어요. 스페인은 중립을 지키고 있었어요. 그래서 피해 사실을 다 밝혔지요. 덕분에 세상 사람들은 자연스럽게 스페인 독감이라고 알게 됐어요.

우리나라에서 스페인 독감은 무오년 독감으로 알려졌어요. 이때 14만 명이 사망했지요.

● 홍콩 독감 | 1968~1969년, 2015년

세계적으로 백만 명이 넘는 사람이 사망한 감염병이에요. 독감 바이러스가 새로운 바이러스를 만드는 복제 과정에서 돌연변이가 생겨, 사람한테 치명적인 바이러스가 된 거예요.

홍콩에서 처음 환자가 생겼기 때문에 홍콩 독감이라고 불렀어요. 베트남, 싱가포르 등 동남아시아에 피해가 컸지요. 나아가 유럽, 아메리카, 아프리카 대륙에까지 퍼졌어요. 상황이 심각해지자 세계보건기구는 1968년 팬데믹을 발표했어요. 1970년 초까지 점차 퍼지다가 1972년에 똑같은 바이러스가 유행했고, 홍콩은 2009년에 변종이 나왔다고 발표했어요. 그러다 2015년에 다시 유행하여 엄청난 피해가 생겼지요.

● 신종 플루 | 2009년

돼지한테서 사람으로 전염된 인플루엔자 변종이에요. 2009년 3월 멕시코에서 처음 발병했고, 같은 달 21일에 한 마을의 60퍼센트가 앓게 됐지요. 4월 초까지 멕시코에 1,800여 명의 환자가 생겼어요. 돼지를 통해 퍼져 나갔다 하여 초기에는 '돼지 독감'이라 불렀어요. 세계보건기구는 2009년 6월에 감염병 최고 경고 등급인 팬데믹을 공식 발표했지요.

• 코로나바이러스감염증 – 19 | 2019년~

　신종 코로나바이러스를 확대해서 보면 왕관처럼 생겼어요. 그래서 왕관을 뜻하는 라틴어 코로나(corona)란 이름이 붙었어요. 세계보건기구에서는 코로나바이러스가 일으키는 감염증이라는 뜻으로 코비드-19(COVID-19)라고 불러요. '19'는 2019년에 퍼지기 시작했다는 걸 표시해요.

　코로나바이러스는 사람한테도 동물한테도 병을 일으켜요. 사람한테 감염을 일으키는 코로나바이러스는 현재까지 알려진 게 6종류예요. 코로나19를 일으킨 바이러스로, 중증 폐렴을 일으킬 수 있는 종류(SARS-CoV2)까지 포함하면 모두 7종류예요.

　코로나19는 2019년 12월 국제 사회에서 처음 보고된 뒤로 13개월 만에 1억여 명이 감염되고, 2백만여 명이 사망했어요. 세계보건기구는 2020년 3월 코로나19를 팬데믹으로 선포했지요.

　현재까지 코로나19는 바이러스에 걸린 환자와 접촉하거나 침방울로 감염된다고 알려져 있어요. 최근에는 공기로도 감염되는 새로운 증거가 있다고 세계보건기구에서 인정했어요. 상황이 심각해지자 외국인이 자기 나라에 못 들어가게 막는 나라도 생겼어요. 학교와 도서관이 문을 닫고, 식당과 상점도 문을 닫는 일이 벌어졌어요. 시민들은 마스크를 쓰고 외출해야 하는 불편함을 겪고 있어요.

세계보건기구가 정한 감염병의 위험 경보 단계

1단계: 동물에게만 감염
2단계: 동물과 동물 사이의 감염을 넘어 소수의 사람에게 감염
3단계: 사람과 사람 사이에 감염이 늘어난 상태
4단계: 사람과 사람 사이에 감염이 빠르게 늘어나, 세계적으로 퍼지는 초기 단계
5단계: 감염이 넓게 퍼져 적어도 두 나라에서 병이 유행하는 상태
6단계: 5단계를 넘어 대륙과 대륙 사이에 감염자가 더 늘어나 전 세계적으로 유행하는 상태. 팬데믹이라고도 부름

세계보건기구는 1948년에 세워졌기 때문에 흑사병이나 천연두는 팬데믹이라고 선언할 기회가 없었어요. 지금까지 세계보건기구는 세 차례, 1968년 홍콩 독감, 2009년 신종 플루, 2020년 코로나19에 팬데믹을 선언했어요.

 ## 팬데믹은 어떤 기준으로 정할까요?

사람한테 병이 얼마나 퍼질 수 있는지가 기준이에요. 광견병은 재빠르게 치료하지 않으면 사망에 이르는 무시무시한 병이에요. 하지만 광견병이 사람에서 사람으로 감염된 적은 한 번도 없어요. 팬데믹이 아니지요.

그에 비해 신종 플루는 100명이 걸리면 1명 정도가 사망에 이르러요. 광견병보다는 덜 위험해 보여요. 하지만 퍼지는 속도가 엄청나요. 사람에서 사람으로도 쉽게 퍼지지요. 2009년 신종 플루가 처음 생긴 뒤에 1년이 안 되어 전 세계에 퍼졌어요. 세계보건기구는 신종 플루가 팬데믹 상황이라고 선언했어요.

 **모든 건 우리 손에 달렸어요**

● 어느 날 갑자기?

홍콩 독감, 신종 플루, 코로나19는 얼핏 보면 어느 날 갑자기 나타난 것처럼 보여요. 하지만 전문가들은 그게 아니라고 해요. 사람들이 부추긴 것이나 다름없다는 거예요. 그동안 우리는 언제든 바이러스의 폭풍이 일어날 수 있는 자연스러운 환경을 만들며 살아왔거든요. 시카고 대학에서 병원체의 생태 및 진화학을 연구하는 그레고리 드와이어 박사는 '모든 것은 우리 손에 달려있다'고 하는데, 그 말이 딱 맞아요.

사람들은 수많은 동물을 빼곡하게 가두어 기르고 있어요. 배설물은 엉켜 있어요. 공기 순환은 제대로 안 돼요. 갇힌 동물들은 병균과 싸우는 힘이 점점 약해져요. 항생제가 섞인 사료를 먹지 않으면 안 될 정도예요.

항생제에 내성이 생긴 박테리아가 나타나면 우리는 아무런 저항도 못 할 거예요. 모기, 벌레, 쥐, 박쥐 등과 접촉하여 새로운 병원체의 공격을 받을 수도 있어요. 한 마리가 병에 걸리면 금세 다 퍼지고 말아요.

사람들도 빽빽하게 모여 살고 있어요. 도시는 빠르게 커졌어요. 교통이 발달하여 어디든 쉽게 갈 수 있어요. 그러니 한 사람이 병에 걸리면 금세 다 퍼질 수 있지요.

이만하면 병을 일으키는 병원체한테는 최고의 무대가 마련된 거예요. 감염병이 언제든지 무대에서 주인공 역할을 할 수 있게 된 셈이지요.

● 우리가 해야 하는 일

1. 바이러스를 막는 가장 중요하고 쉬운 방법은 손을 씻는 일이에요. 손을 흐르는 물에 비누로 30초 이상 구석구석 씻으면 바이러스는 씻겨 나가거나, 세포막이 녹아서

죽어요. 바이러스를 아주 간단한 방법으로 없앨 수 있는 거예요.

2. 물도 비누도 없다면 손 세정제를 이용해요. 손 세정제에 들어 있는 알코올은 바이러스나 세균이 퍼지는 걸 막아 줘요.

3. 기침이나 재채기를 할 때는 휴지나 옷소매로 입과 코를 가려요.

4. 씻지 않은 손으로 얼굴을 만지지 않는 게 좋아요. 우리가 알지 못하는 사이에 손에 위험한 병원체가 묻었을지도 모르거든요.

5. 깨끗한 물을 마시고 깨끗한 음식을 먹어요. 음식을 통해서 병이 생길 수 있어요.

6. 사람들을 만났을 때 접촉하지 않고 인사하는 거예요. 손을 맞잡거나 껴안지 않고,

목 인사, 허리 인사를 하여 반가움과 공손함을 표현할 수 있어요. 친구라면 그냥
　　　손을 흔들 수도 있고요.
　7. 다른 사람의 손을 만진 뒤에는 비누로 손을 씻어요.
　8. 사람들과 함께 음식을 먹을 때에는 덜어 먹어서 침이 섞이지 않게 해요.
　9. 음식을 입안에 머금은 채로 말을 하지 않아요.
　10. 사람이 많이 모이는 곳은 피하는 게 좋아요.
　11. 어쩔 수 없이 사람들을 만나야 한다면 마스크로 코와 입을 가리는 게 좋아요.
　12. 침방울은 1미터 넘게 날아갈 수 있으니(어떤 연구에서는 7미터까지 날아간다고 해요),
　　　다른 사람과 양팔을 활짝 벌린 정도의 거리(1.5미터에서 2미터)를 두는 게 좋아요.
　13. 앉을 때 마주 앉는 대신 한 방향을 보고 앉아요.

　멀리 보아서는 우리가 사는 방식도 점차 바꿔 나가야 해요. 동물을 빽빽하게 가두어 기르는 방식은 멈춰야 해요. 지금 동물 복지라고 씌어 있는 계란도 실은 엄청나게 좁은 공간에 사는 닭들이 낳은 거예요. 우리나라 법으로 닭 한 마리한테 A4용지 2장의 넓이를 주면 동물 복지라고 인정하거든요. 하지만 그 공간에서는 날개를 활짝 펼 수도 없지요.
　닭만 그런 게 아니에요. 오리, 돼지, 소도 마찬가지로 좁고 더러운 곳에서 자라요. 그러니 새로운 기준을 만들어야 해요. 꾸준히 관심을 가지고, 법을 만드는 사람들이 법을 바꿀 수 있게 의견을 전하고 감시해야 해요.
　기후 위기에도 관심을 기울여야 해요. 지금은 지구가 자꾸 더워지고 있어요. 조선 시대에는 작은 빙하기가 있어서 역병이 크게 유행했어요. 그러나 지금처럼 기후가 더워져도 큰일이에요. 생태계가 변하고 먹이 사슬이 변하면 지금까지 없던 새로운 병이 나타날 수 있지요. 그래서 지구 온난화라는 말 대신, 기후 위기라는 말을 써야 해요.
　기후 위기는 곧 에너지의 문제예요. 화석 연료를 덜 쓰는 건 선택이 아니라 반드시

지켜야 하는 일이 됐어요. 일상에서 이산화탄소를 줄이기 위한 일들을 실천해야 하지요. 이는 쓰레기 문제와도 연결돼요.

　우리는 우리가 살고 있는 지구 환경을 세심하게 살피고 배려해야 해요. 잘 생각해서 꼭 필요한 것만 사서 쓰고, 필요한 만큼만 먹고, 함부로 버리지 않고, 쓰레기를 제대로 분리하여 버려야 해요. 그래야 사람도 동물도 지구도 건강하게 살아갈 수 있을 테니까요.

　어떤 사람들은 돈을 쓰고 자꾸 뭔가를 사야 경제가 돌아간다고 해요. 하지만 무엇이 더 중요한지 잘 생각해 보세요. 경제가 아무리 좋아져도 인류가 병에 걸리고 지구가 망가진다면 무슨 소용이 있겠어요?

　모든 건 다 우리 손에 달려 있어요!

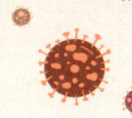

| 참고한 책과 논문 |

『당신이 살아 있는 진짜 이유』 앤 러브·제인 드레이크, 이윤진 옮김, 내인생의책, 2017
『마과회통』 정약용, 김남일·안상우·정해렴 옮김, 현대실학사, 2009
『미암일기의 의학 기록 연구』 홍세영, 민족문화 36권 36호, 한국고전번역원, 2011
『묵재일기가 말하는 조선인의 질병과 치료』 김성수, 역사학연구 24호, 2013
『몽수 이헌길의 마진방에 관한 연구』 최진우, 경희대학교 대학원 한의학과 석사 학위 논문, 2007
『바이러스 폭풍의 시대』 네이선 울프, 강주헌 옮김, 김영사, 2015
『사주와 부적의 수용 유형 및 문제 해결의 보편적 적용 가능성에 관한 연구』 이승록, 동의대학교 대학원 불교문화학과 박사 학위 논문, 2017
『서울굿 호구거리의 성격 변화』 염원희, 한국무속학 21권 21호, 2010
『서울굿 호구거리의 의미 연구』 홍태한, 한국민속학 37권 37호, 2003
『선박 물밸러스트의 국제적 규제 동향과 우리나라의 대응 방향』 최재선, 해양정책연구 15권 2호, 2000
『새로 발견된 내의원 자본 언해두창집요의 연구』 강순애, 서지학연구 19권, 한국서지학회, 2000
『세상을 뒤흔든 질병과 치유의 역사』 오카다 하루에, 황명섭 옮김, 상상채널, 2017
『야담을 통해 본 질병과 의원, 그 시선과 의미』 김준형, 동양한문학연구 53권, 2019
『야담 서사 변개의 사회문화적 맥락과 의미』 장진숙, 인하대학교 대학원 한국학과 박사 학위 논문, 2013
『언해벽온신방과 언해납약증치방의 역사적 의의』 이현숙, 한국문화연구 14호, 이화여자대학교 한국문화연구원, 2008
『인수공통 모든 전염병의 열쇠』 데이비드 콰먼, 강병철 옮김, 꿈꿀자유, 2020
『조선 시대 역병 인식과 신이적 상상 세계』 강상순, 일본학연구 46권, 단국대 일본연구소, 2015
『전염병, 역사를 흔들다』 마크 해리슨, 이영석 옮김, 푸른역사, 2020
『전염병의 위협, 두려워만 할 일인가』 슈테판 카우프만, 최강석 옮김, 길(도서출판), 2012
『조선의서지 제1부에 대한 연구』 박정상, 원광대학교 한의학전문대학원 한의정보학과 석사 학위 논문, 2019
『조선 후기 의약 생활의 변화: 선물 경제에서 시장 경제로: 미암일기, 쇄미록, 이재난고, 흠영의 분석』 신동원, 역사비평 75호, 2006
『조선 후기 상주 존애원의 설립과 의료 기능』 우인수, 대구사학 104권, 2011
『조선 전기 의료 기구 개편의 성격과 그 의의』 이경록, 의사학 29권 1호, 대한의사학회, 2020
『조선 시대 초상화에 나타난 피부 병변 연구』 이성낙, 명지대학교 대학원 미술사학과 박사 학위 논

문, 2014

「조선 시대 기후 변동이 전염병 발생에 미친 영향: 건습의 변동을 중심으로」이준호, 한국지역지리학회지 25권 4호, 2019

「조선 시대 피역의서에 나타난 역병 예방법」조원준, 대한예방한의학회지 12권 2호, 2008

「코로나바이러스: 사스, 메르스 그리고 코비드-19」김은중 · 이동섭, 대한임상검사과학회지 52권 4호, 2020

「콜레라」류지소, 대한감염학회 25권 4호, 1993

「판데믹: 바이러스의 위협」소니아 샤, 정해영 옮김, 나눔의집, 2017

「판데믹 히스토리: 질병이 바꾼 인류 문명의 역사」장항석, 시대의창, 2018

「페스트의 질곡과 공동체의 대응」박흥식, 지식의 지평 28호, 2020

'한국불화의 원류를 찾아서: 약사여래도' 조성금, 현대불교신문 2월 28일 기사, 2020

「흠영에 수록된 의료 소재 야담에 관한 연구」김하라, 한문학논집 45권, 근역한문학회, 2016

「16세기 향촌 의료 실태와 사족의 대응: 묵재일기에 나타난 이문건의 사례를 중심으로」김성수, 경희대학교 석사 학위 논문, 2001

「16세기 양반 사족의 생활상 연구: 묵재일기를 중심으로」김소은, 숭실대학교 박사 학위 논문, 2002

「16세기 노비의 삶과 의식 세계: 묵재일기를 중심으로」이혜정, 경희대학교 박사 학위 논문, 2012

「1612년 온역 발생과 허준의 신찬벽온방」김호, 조선시대사학보 74권 74호, 2015

「16~17세기 조선의 지방 의국 운영: 경북 영주의 제민루를 중심으로」김호, 국학연구 37권 37호, 한국국학진흥원, 2018

| 참고한 인터넷 페이지 |

대한민국 정부 보건복지부 코로나 바로 알기 홈페이지 http://ncov.mohw.go.kr
문화재청 홈페이지 http://www.cha.go.kr
공공기관 알리오플러스 홈페이지 http://www.alio.go.kr
조선왕조실록 홈페이지 http://sillok.history.go.kr
한국역대인물 종합정보시스템 http://people.aks.ac.kr

| 그림・사진 출처 |

19p 등준시무과도상첩 ⓒ 국립중앙박물관, **43p 삼장보살도** ⓒ 국립중앙박물관, **44p 금동약사여래입상** ⓒ 국립중앙박물관, **48p 자휼전칙** ⓒ 규장각 한국학연구원, **54p 흠휼전칙** ⓒ 규장각 한국학연구원, **62p 호열자병예방주의서** ⓒ 한독의약박물관, **63p 고양이 부적** ⓒ 샤를 바라, **69p 신찬벽온방** ⓒ 규장각 한국학연구원, **76p 언해벽온신방** ⓒ 규장각 한국학연구원, **79p 언해두창집요** ⓒ 규장각한국학연구원, **84p 마과회통** ⓒ 강진군다산박물관, **92~93p 수선전도** ⓒ 국립중앙박물관, **108p 제민루** ⓒ 영주시 문화관광, **112p 존애원** ⓒ 문화재청, **121p 마진기방** ⓒ 규장각 한국학연구원, **126p 양아록** ⓒ 문화재청, **135p 목재부적판** ⓒ 국립중앙박물관, **140p 두창 치료 도구** ⓒ 국립민속박물관, **143p 도시를 공격하는 몽골군** ⓒ Wikimedia Commons, **146p 천연두에 걸린 아프리카 원주민** ⓒ Wikimedia Commons, **148p 1918년 스페인 독감을 앓고 있는 군인들** ⓒ Wikimedia Commons